DK 아틀라스 시리즈

공룡 대공원

글 윌리엄 린제이 · 그림 줄리아노 포르나리

THE GREAT DINOSAUR ATLAS

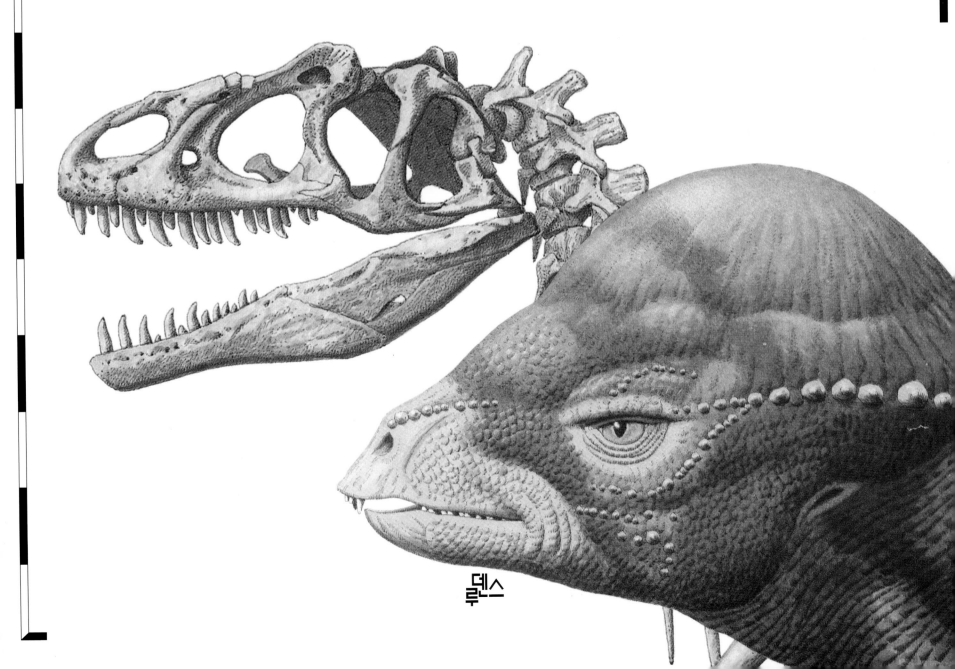

룬덴스

A DORLING KINDERSLEY BOOK

Art Editor Penny Britchfield·Project Editor John C. Miles

Designer Richard Czapnik·Editor Vicky Davenport

Production Teresa Solomom·Senior Editor Angela Wikes

Art Director Roger Priddy

First published in Great Britain in 1991, reprinted 1991, 1993(twice),
1994, 1997 by Dorling Kindersley Limited,
80 Strand, London, WC2R ORL

Original Title : The Great Dinosaur Atlas
Written by William Lindsay·Illustrated by Giulian Fornari
Copyright ⓒ 1991 Dorling Kindersley Limited, London

DK 아틀라스 시리즈
공룡 대공원 초판 5쇄 발행 2020년 6월 10일

펴낸곳 루덴스 • **펴낸이** 이동숙 • **글** 윌리엄 린제이 • **그림** 줄리아노 포르나리

번역 이동훈 • **감수** 양승영 박영주 최석영 • **편집** 홍미라 박정익 • **디자인** 모현정 나선영

출판등록 제16-4168호 주소 서울시 송파구 송파대로 201 송파테라타워 B동 919호
전화 02-558-9312(3) • 팩스 02-558-9314

값 24,000원 • ISBN 979-11-5552-225-7

공룡의 분류('목'과 '아목'은 생물 분류 단계. '아목'이 '목' 아래에 해당한다.)

공룡			
용반목 도마뱀과 비슷한 골반을 가진 공룡의 무리	**수각 아목**		짐승과 유사한 다리를 가진 공룡의 무리. 육식 공룡으로, 티라노사우루스, 알로사우루스 등이 있다.
	용각 아목		파충류(도마뱀)와 유사한 다리를 가진 공룡의 무리. 몸이 거대한 초식 공룡으로, 바로사우루스, 브라키오사우루스 등이 있다.
조반목 조류(새)와 비슷한 골반을 가진 공룡의 무리	**조각 아목**		새와 유사한 다리를 가진 공룡의 무리. 부리가 오리 부리처럼 생겼다. 이구아노돈, 파라사우롤로푸스 등이 있다.
	검룡 아목		등에 칼 같은 골질 판들이 있는 공룡의 무리. 스테고사우루스, 투오지앙고사우루스 등이 있다.
	각룡 아목		머리에 뿔이 있는 공룡의 무리. 뿔공룡이라고도 한다. 트리케라톱스, 스티라코사우루스 등이 있다.
	곡룡 아목		갈비뼈가 심하게 휜 공룡의 무리. 몸이 갑옷으로 둘러싸여 갑옷 공룡이라고도 한다. 안킬로사우루스, 유오플로케팔루스 등이 있다.

어룡과 익룡은 공룡과 비슷하지만, 공룡이 아니다.

•공룡대공원의 모든 내용은 7차 개정 과학 교과과정 중에서 초등4 〈화석을 찾아서〉, 중2 〈지구의 역사와 지각변동〉, 고1 〈지구의 변동〉과 연계되어 있습니다.

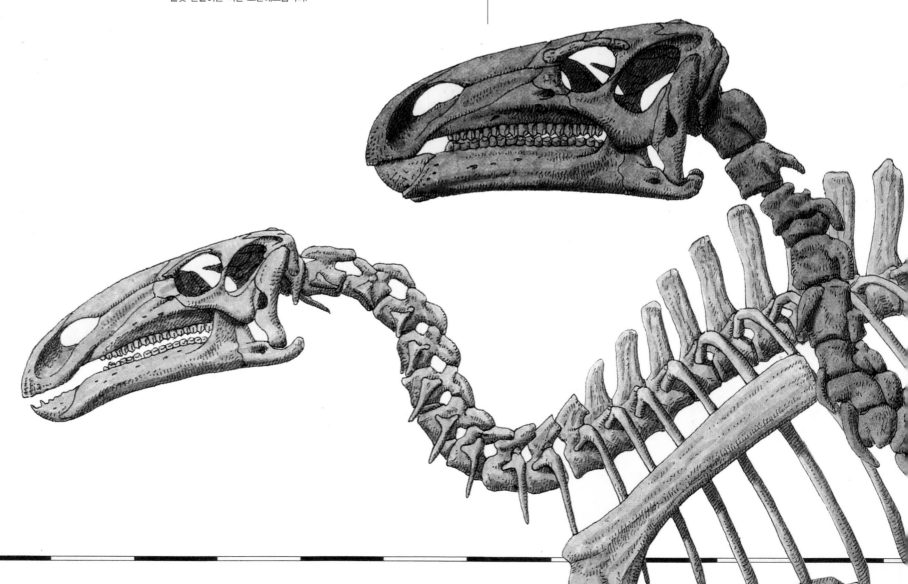

차례

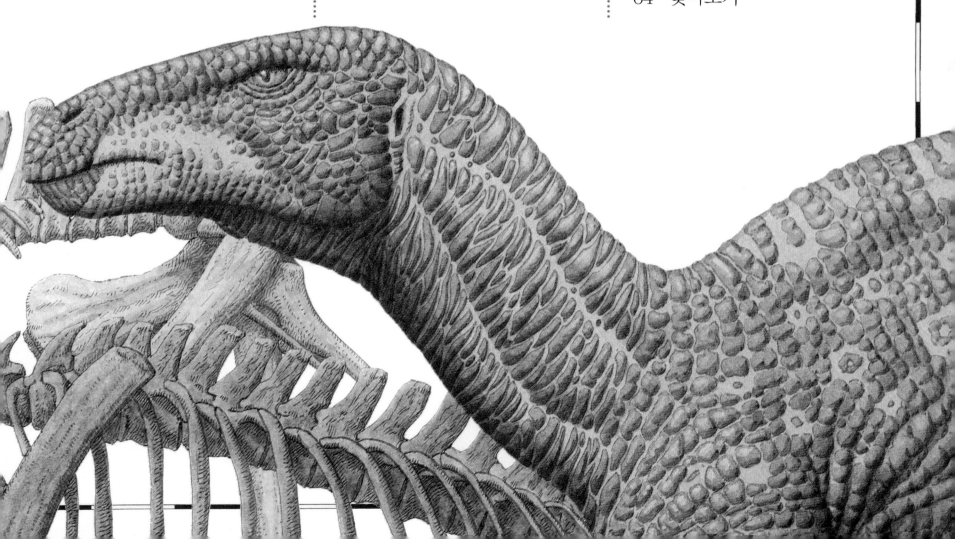

공룡의 얼굴 *Face-to-Face*

2억 2,000만 년 전, 새로운 동물들이 나타나기 시작했다. 바로 공룡이었다. 이들은 도마뱀이나 악어처럼 피부가 비늘로 덮여 있고 알을 낳았다. 어떤 공룡들은 초식을 했고, 어떤 공룡들은 육식을 했다. 재미있는 가면을 쓴 것처럼 얼굴 모습도 제각각이었다.

하지만 아무도 살아 있는 공룡을 본 사람은 없다. 6,400만 년 전, 인류가 태어나기 전에 멸종되었기 때문이다. 다행히 공룡의 뼈, 치아, 발자국, 피부 흔적 등이 지층 속에 화석으로 남아 있어 1억 5,000만 년 이상 지구를 지배했던 이 동물들의 모습을 알 수 있다.

유디모르포돈
공룡은 아니고, 날아다니는 파충류. 익룡.

사우로르니토이데스
눈과 뇌가 큰 육식공룡.

시조새
최초의 새. 몸의 일부가 공룡을 닮음.

에드몬토사우루스
하드로사우루스 공룡(오리부리 공룡).
북아메리카.

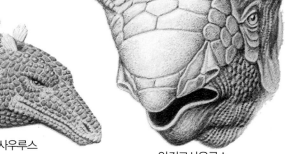

프로토케라톱스
몽고에서 발견된 초기의 뿔공룡.

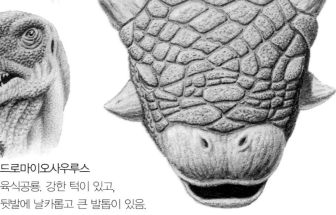

오우라노사우루스
몸집이 크고,
등지느러미가
있음.

드로마이오사우루스
육식공룡. 강한 턱이 있고,
뒷발에 날카롭고 큰 발톱이 있음.

유오플로케팔루스
갑옷공룡의 하나.

스테고사우루스
특이한 방법으로 체온을
조절하고, 등에 판이 있음.

안킬로사우루스
갑옷공룡으로는 가장 크고,
마지막까지 살아 있었음.

켄트로사우루스
짧은 프릴(머리 장식)이 있고,
뿔이 하나인 공룡.

트로에돈
빨리 달리는 육식공룡.

트리케라톱스
뿔이 셋 달린 초식 공룡.

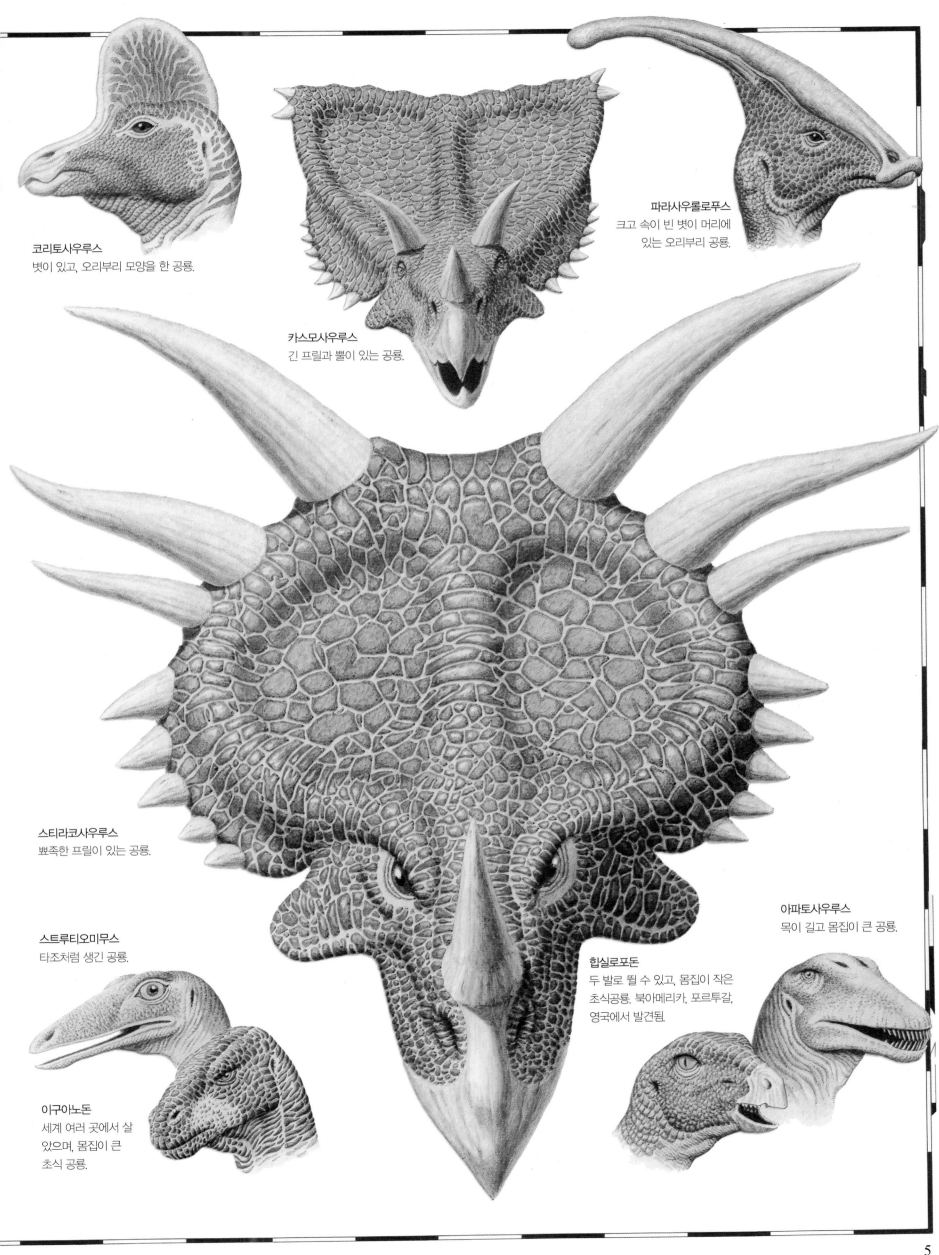

코리토사우루스
볏이 있고, 오리부리 모양을 한 공룡.

카스모사우루스
긴 프릴과 뿔이 있는 공룡.

파라사우롤로푸스
크고 속이 빈 볏이 머리에 있는 오리부리 공룡.

스티라코사우루스
뾰족한 프릴이 있는 공룡.

스트루티오미무스
타조처럼 생긴 공룡.

이구아노돈
세계 여러 곳에서 살았으며, 몸집이 큰 초식 공룡.

힙실로포돈
두 발로 뛸 수 있고, 몸집이 작은 초식공룡. 북아메리카, 포르투갈, 영국에서 발견됨.

아파토사우루스
목이 길고 몸집이 큰 공룡.

공룡시대 *Age of the Dinosaurs*

공룡은 1억 5,000만 년 동안 지구를 지배했다.
지금까지 알려진 가장 오래된 공룡은 남아메리카에서
발견된 스타우리코사우루스와 헤레라사우루스이다.

그리고 가장 늦게까지 산 공룡은 아시아에서
발견된 타르보사우루스와 벨로키랍토르이다.
지금도 세계 곳곳에서 화석이 발견되고 있어
거대했던 공룡 시대의 모습을 엿볼 수 있다.

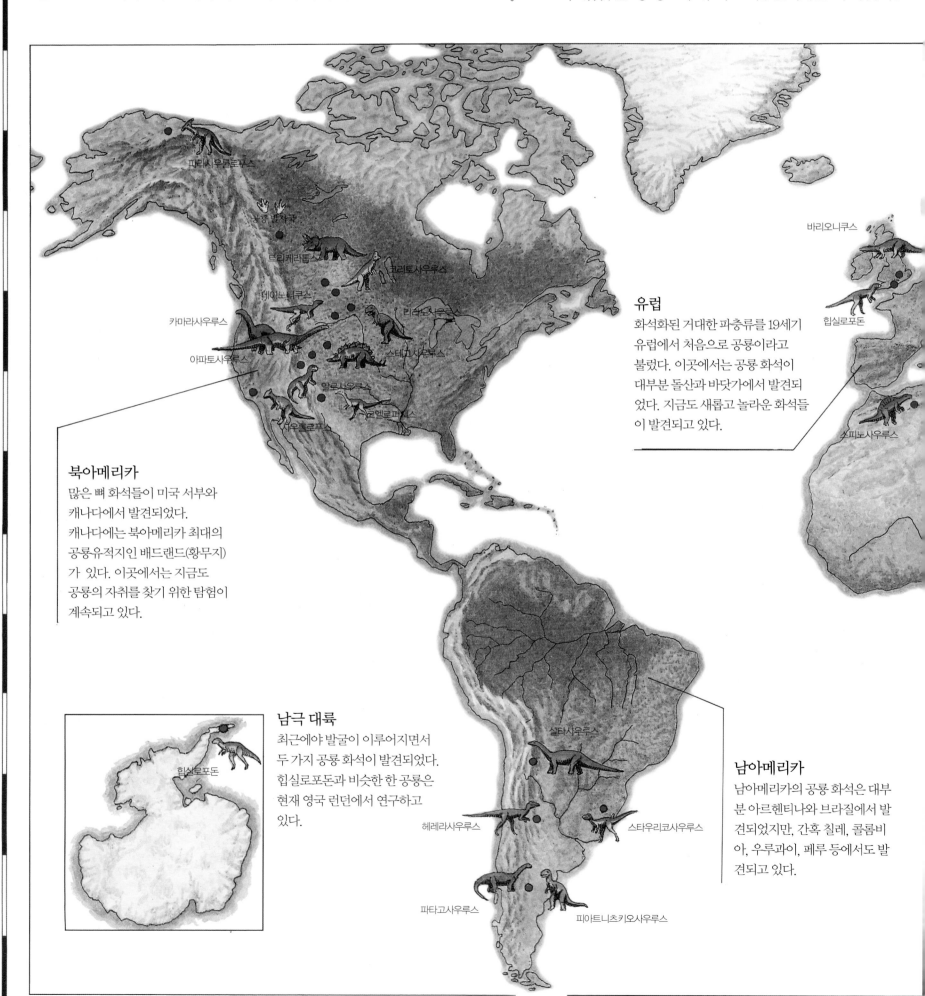

유럽
화석화된 거대한 파충류를 19세기
유럽에서 처음으로 공룡이라고
불렀다. 이곳에서는 공룡 화석이
대부분 돌산과 바닷가에서 발견되
었다. 지금도 새롭고 놀라운 화석들
이 발견되고 있다.

바리오니쿠스

힙실로포돈

스피노사우루스

북아메리카
많은 뼈 화석들이 미국 서부와
캐나다에서 발견되었다.
캐나다에는 북아메리카 최대의
공룡유적지인 배드랜드(황무지)
가 있다. 이곳에서는 지금도
공룡의 자취를 찾기 위한 탐험이
계속되고 있다.

파라사우롤로푸스
공룡 발자국
트리케라톱스
고르고사우루스
데이노니쿠스
카마라사우루스
디플로도쿠스
아파토사우루스
스테고사우루스
알로사우루스
코엘로피시스
카우톨로쿠스

남극 대륙
최근에야 발굴이 이루어지면서
두 가지 공룡 화석이 발견되었다.
힙실로포돈과 비슷한 한 공룡은
현재 영국 런던에서 연구하고
있다.

힙실로포돈

살타사우루스

남아메리카
남아메리카의 공룡 화석은 대부
분 아르헨티나와 브라질에서 발
견되었지만, 간혹 칠레, 콜롬비
아, 우루과이, 페루 등에서도 발
견되고 있다.

헤레라사우루스
스타우리코사우루스
파타고사우루스
피아트니츠키오사우루스

중앙아메리카, 중국, 한국, 구소련 등 거의 모든 대륙에서 화석이 발견되었다. 접근이 어려운 남극과 아프리카의 외진 곳에서도 머지않아 화석을 발견할 수 있을 것이다. 새로운 화석들이 발견되면 특정한 공룡의 이름이 바뀌어야 할지도 모른다.

아래는 공룡의 화석이 발견된 세계 여러 지역의 모습이다.

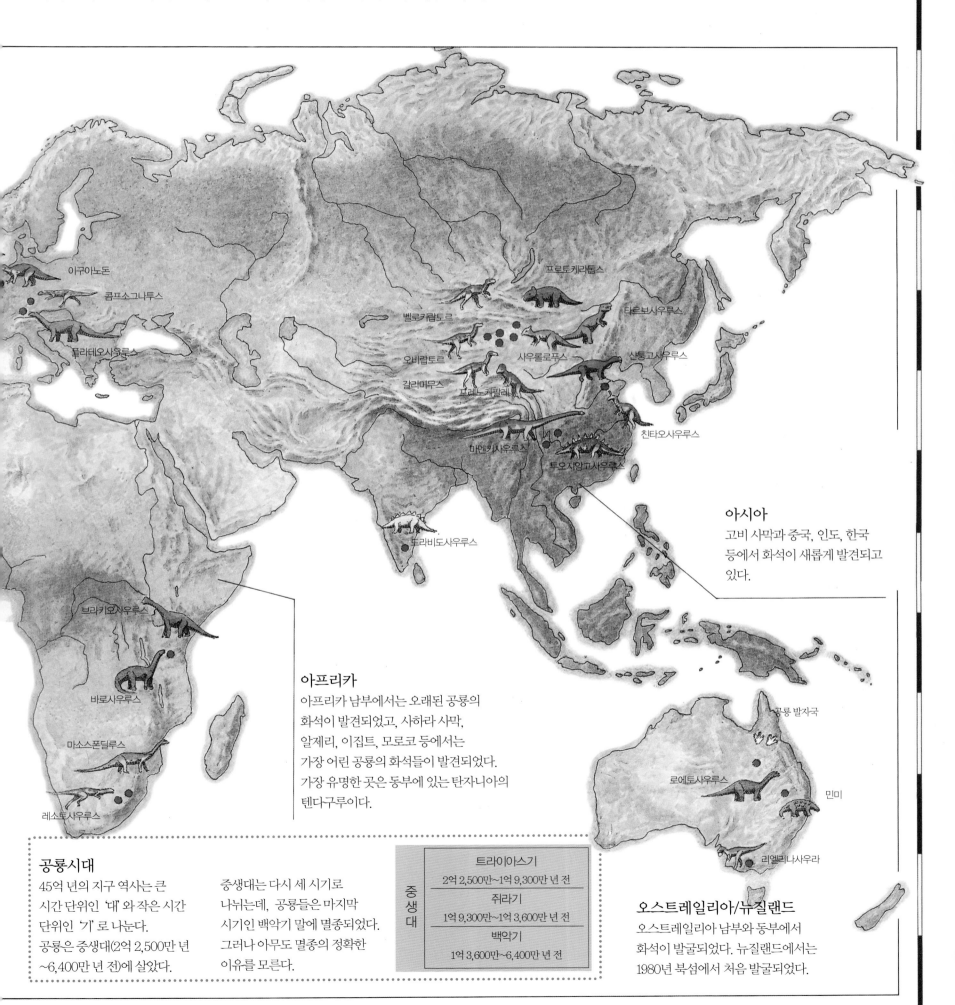

이구아노돈
콤프소그나투스
플라테오사우루스

프로토케라톱스
벨로키랍토르
오비랍토르
갈리미무스
프레노케팔레
사우롤로푸스
타르보사우루스
산퉁고사우루스
친타오사우루스
마멘키사우루스
투오지앙고사우루스
드라비도사우루스

아시아
고비 사막과 중국, 인도, 한국 등에서 화석이 새롭게 발견되고 있다.

브라키오사우루스
바로사우루스
마소스폰딜루스
레소토사우루스

아프리카
아프리카 남부에서는 오래된 공룡의 화석이 발견되었고, 사하라 사막, 알제리, 이집트, 모로코 등에서는 가장 어린 공룡의 화석들이 발견되었다. 가장 유명한 곳은 동부에 있는 탄자니아의 텐다구루이다.

공룡 발자국
로에토사우루스
민미
리엘리나사우라

공룡시대
45억 년의 지구 역사는 큰 시간 단위인 '대'와 작은 시간 단위인 '기'로 나눈다. 공룡은 중생대(2억 2,500만 년~6,400만 년 전)에 살았다.

중생대는 다시 세 시기로 나뉘는데, 공룡들은 마지막 시기인 백악기 말에 멸종되었다. 그러나 아무도 멸종의 정확한 이유를 모른다.

중생대	트라이아스기 2억 2,500만~1억 9,300만 년 전
	쥐라기 1억 9,300만~1억 3,600만 년 전
	백악기 1억 3,600만~6,400만 년 전

오스트레일리아/뉴질랜드
오스트레일리아 남부와 동부에서 화석이 발굴되었다. 뉴질랜드에서는 1980년 북섬에서 처음 발굴되었다.

7

이동하는 대륙 *Shifting Earth*

왜 사하라 사막과 히말라야 산맥에서 물고기와 조개의 화석이 발견될까? 그리고 왜 같은 공룡의 화석이 세계 여러 지역에서 발견될까? 그 이유는 대륙이 움직이고 있기 때문이다. 지구 표면은 몇 개의 판(지판)들로 되어 있다. 대륙들은 이 판 위에서 천천히 이동한다. 판들은 서로 부딪쳐 산맥을 이루거나 때로는 지각 속으로 밀려 내려가 새로운 암석을 만들거나 화산의 용암으로 치솟는다. 지구는 계속 변하고 있다.

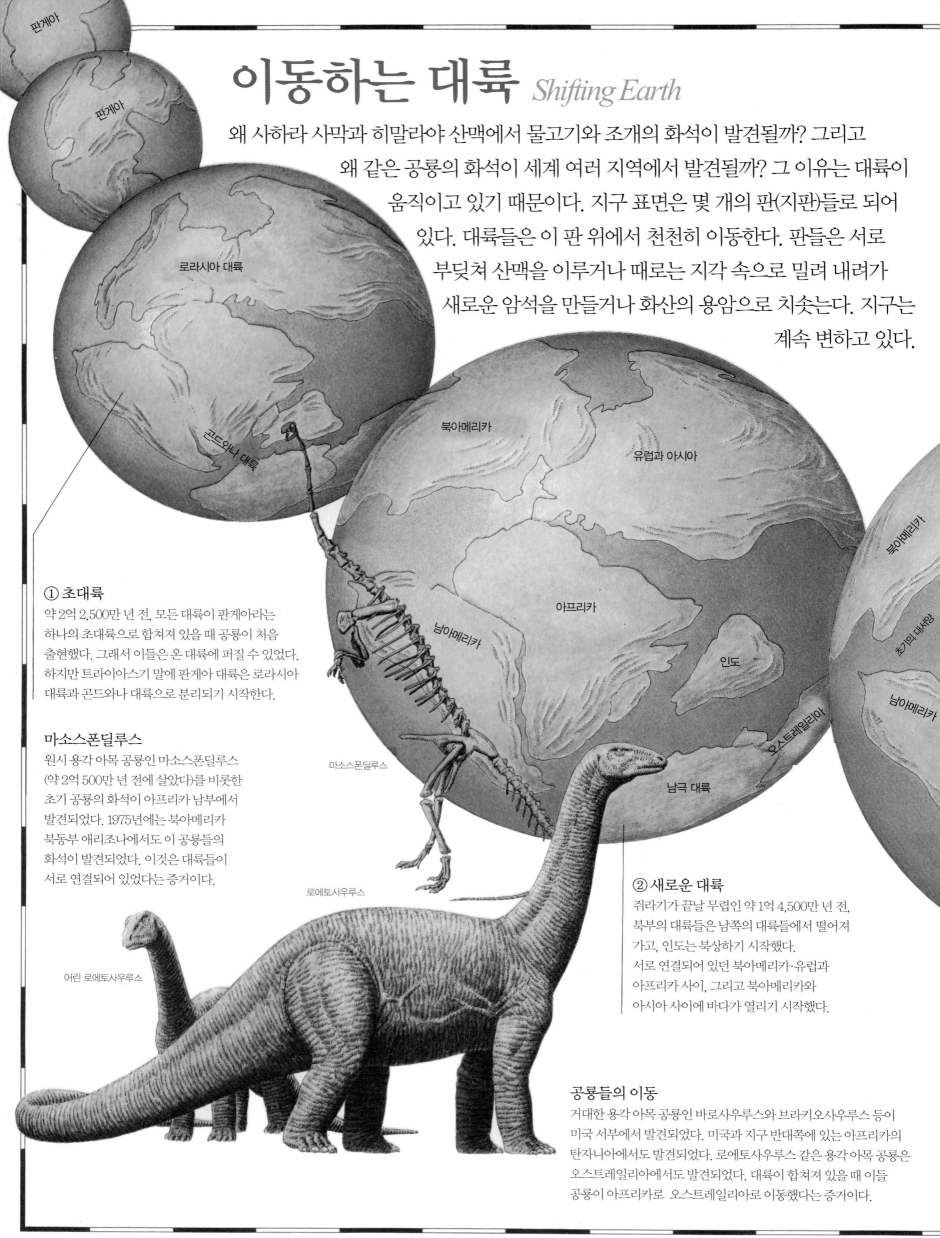

판게아

판게아

로라시아 대륙

곤드와나 대륙

북아메리카

유럽과 아시아

아프리카

남아메리카

인도

오스트레일리아

남극 대륙

북아메리카

초기의 대서양

남아메리카

마소스폰딜루스

로에토사우루스

어린 로에토사우루스

① 초대륙

약 2억 2,500만 년 전, 모든 대륙이 판게아라는 하나의 초대륙으로 합쳐져 있을 때 공룡이 처음 출현했다. 그래서 이들은 온 대륙에 퍼질 수 있었다. 하지만 트라이아스기 말에 판게아 대륙은 로라시아 대륙과 곤드와나 대륙으로 분리되기 시작한다.

마소스폰딜루스

원시 용각 아목 공룡인 마소스폰딜루스 (약 2억 500만 년 전에 살았다)를 비롯한 초기 공룡의 화석이 아프리카 남부에서 발견되었다. 1975년에는 북아메리카 북동부 애리조나에서도 이 공룡들의 화석이 발견되었다. 이것은 대륙들이 서로 연결되어 있었다는 증거이다.

② 새로운 대륙

쥐라기가 끝날 무렵인 약 1억 4,500만 년 전, 북부의 대륙들은 남쪽의 대륙들에서 떨어져 가고, 인도는 북상하기 시작했다. 서로 연결되어 있던 북아메리카·유럽과 아프리카 사이, 그리고 북아메리카와 아시아 사이에 바다가 열리기 시작했다.

공룡들의 이동

거대한 용각 아목 공룡인 바로사우루스와 브라키오사우루스 등이 미국 서부에서 발견되었다. 미국과 지구 반대쪽에 있는 아프리카의 탄자니아에서도 발견되었다. 로에토사우루스 같은 용각 아목 공룡은 오스트레일리아에서도 발견되었다. 대륙이 합쳐져 있을 때 이들 공룡이 아프리카로 오스트레일리아로 이동했다는 증거이다.

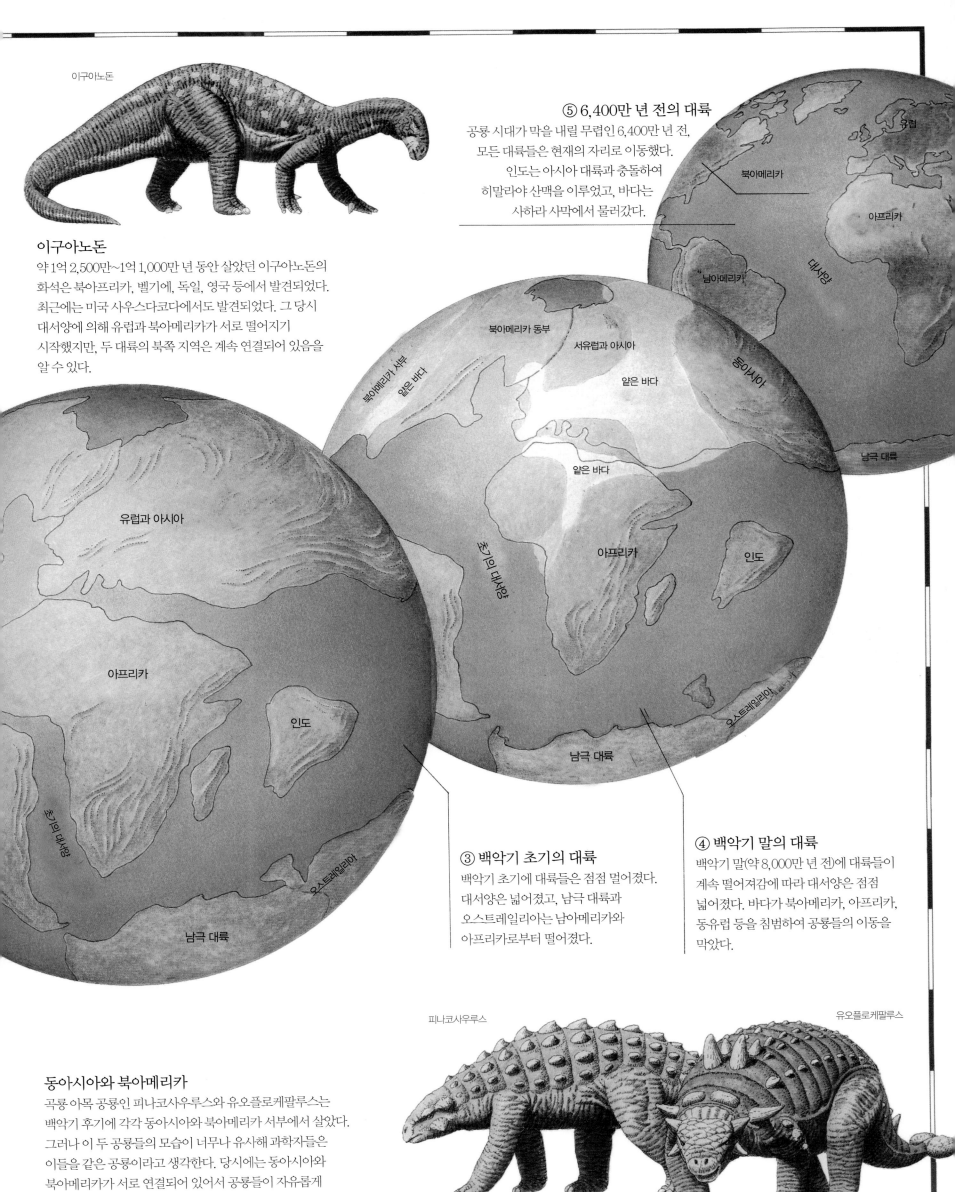

이구아노돈

이구아노돈
약 1억 2,500만~1억 1,000만 년 동안 살았던 이구아노돈의
화석은 북아프리카, 벨기에, 독일, 영국 등에서 발견되었다.
최근에는 미국 사우스다코다에서도 발견되었다. 그 당시
대서양에 의해 유럽과 북아메리카가 서로 떨어지기
시작했지만, 두 대륙의 북쪽 지역은 계속 연결되어 있음을
알 수 있다.

⑤ 6,400만 년 전의 대륙
공룡 시대가 막을 내릴 무렵인 6,400만 년 전,
모든 대륙들은 현재의 자리로 이동했다.
인도는 아시아 대륙과 충돌하여
히말라야 산맥을 이루었고, 바다는
사하라 사막에서 물러갔다.

유럽

북아메리카

아프리카

남아메리카

대서양

동아시아

남극 대륙

북아메리카 동부

서유럽과 아시아

북아메리카 서부

얕은 바다

얕은 바다

초기의 대서양

아프리카

인도

오스트레일리아

남극 대륙

유럽과 아시아

아프리카

인도

초기의 대서양

오스트레일리아

남극 대륙

③ 백악기 초기의 대륙
백악기 초기에 대륙들은 점점 멀어졌다.
대서양은 넓어졌고, 남극 대륙과
오스트레일리아는 남아메리카와
아프리카로부터 떨어졌다.

④ 백악기 말의 대륙
백악기 말(약 8,000만 년 전)에 대륙들이
계속 떨어져감에 따라 대서양은 점점
넓어졌다. 바다가 북아메리카, 아프리카,
동유럽 등을 침범하여 공룡들의 이동을
막았다.

피나코사우루스

유오플로케팔루스

동아시아와 북아메리카
곡룡 아목 공룡인 피나코사우루스와 유오플로케팔루스는
백악기 후기에 각각 동아시아와 북아메리카 서부에서 살았다.
그러나 이 두 공룡들의 모습이 너무나 유사해 과학자들은
이들을 같은 공룡이라고 생각한다. 당시에는 동아시아와
북아메리카가 서로 연결되어 있어서 공룡들이 자유롭게
건너다닐 수 있었다는 것이다.

쥐라기 *Jurassic Earth*

쥐라기 시대에는 공룡을 비롯한 파충류가 지상과 바다, 하늘을 지배했고, 조류의 기원인 시조새가 출현했다. 이 시기에 강물에 씻기면서 모래톱 위에 모였던 공룡들의 시체와 뼈대가 화석이 되어 지금의 미국 유타주 북동부의 깊은 계곡을 흐르는 그린 강 위쪽에서 발견되었다. 맨 처음 공룡의 뼈가 발견된 뒤 5,000개 이상이나 발견되었다. 미국에서는 이곳을 공룡 천연기념물 산지로 지정했다. 아래는 쥐라기 후기의 지구 모습이다.

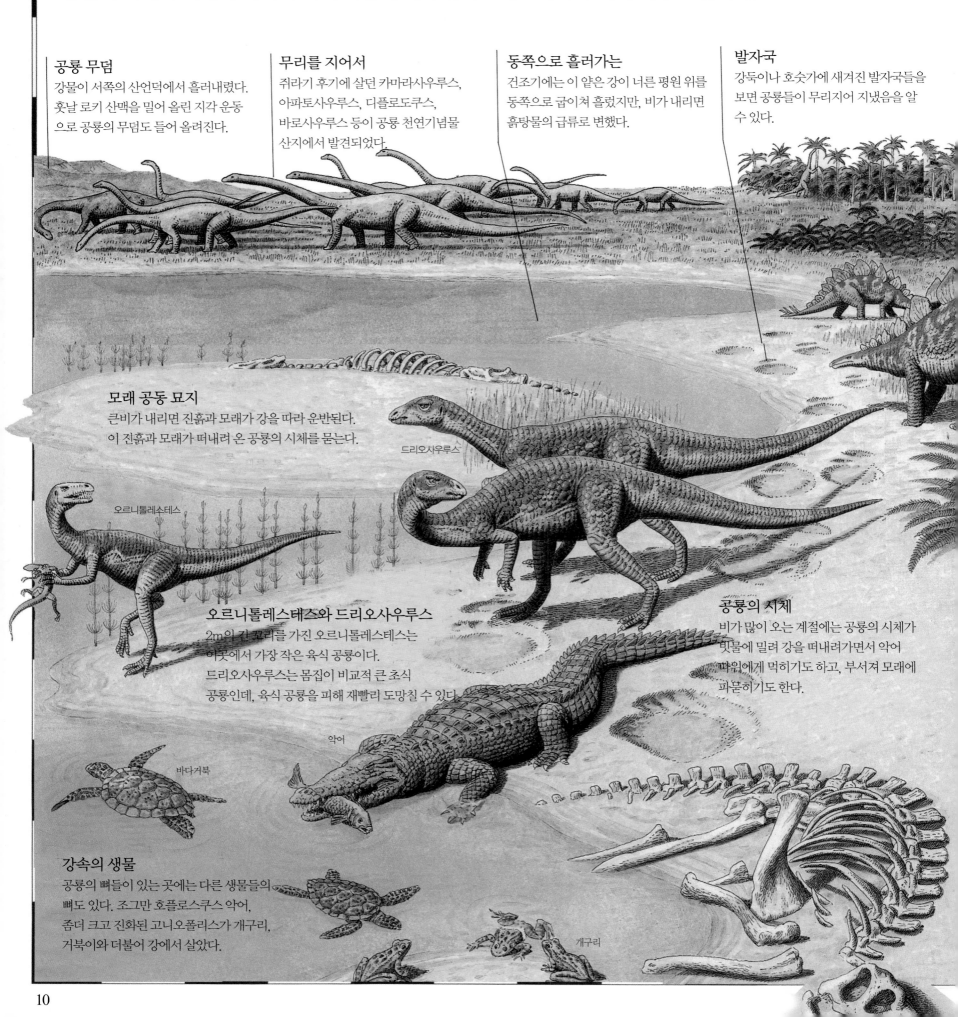

공룡 무덤
강물이 서쪽의 산언덕에서 흘러내렸다. 훗날 로키 산맥을 밀어 올린 지각 운동으로 공룡의 무덤도 들어 올려진다.

무리를 지어서
쥐라기 후기에 살던 카마라사우루스, 아파토사우루스, 디플로도쿠스, 바로사우루스 등이 공룡 천연기념물 산지에서 발견되었다.

동쪽으로 흘러가는
건조기에는 이 얕은 강이 너른 평원 위를 동쪽으로 굽이쳐 흘렀지만, 비가 내리면 흙탕물의 급류로 변했다.

발자국
강둑이나 호숫가에 새겨진 발자국들을 보면 공룡들이 무리지어 지냈음을 알 수 있다.

모래 공동 묘지
큰비가 내리면 진흙과 모래가 강을 따라 운반된다. 이 진흙과 모래가 떠내려 온 공룡의 시체를 묻는다.

드리오사우루스

오르니톨레스테스

오르니톨레스테스와 드리오사우루스
2m의 긴 꼬리를 가진 오르니톨레스테스는 이곳에서 가장 작은 육식 공룡이다.
드리오사우루스는 몸집이 비교적 큰 초식 공룡인데, 육식 공룡을 피해 재빨리 도망칠 수 있다.

공룡의 시체
비가 많이 오는 계절에는 공룡의 시체가 빗물에 밀려 강을 떠내려가면서 악어 따위에게 먹히기도 하고, 부서져 모래에 파묻히기도 한다.

악어

바다거북

강속의 생물
공룡의 뼈들이 있는 곳에는 다른 생물들의 뼈도 있다. 조그만 호플로스쿠스 악어, 좀더 크고 진화된 고니오폴리스가 개구리, 거북이와 더불어 강에서 살았다.

개구리

10

은행나무
은행나무가 평지에 숲을 이루고
자랐다. 줄기 끝에 높이 붙어 있는
잎과 파인애플 비슷한 열매가 초
식 동물의 먹이였다.

케라토사우루스
알로사우루스 절반 정도의 뿔이 난
케라토사우루스는 무서운 육식 공룡이었다.

콧등과 짧은 부리
이구아노돈과 먼 친척인 캄프토사우루스는
긴 콧등과 짧은 부리로 낮은 나뭇가지를
헤집으며 나뭇잎을 따 먹었다.

스테고사우루스
네 발로 걸으면서 뾰족한 코를 이용해
땅 가까이 있는 식물을 먹었다. 등에
있는 판 때문에 다른 공룡들의 눈에
쉽게 띄었다. 공룡 천연 기념물
산지에서 가장 많은 뼈가 발견되었다.

알로사우루스
1억 5,000만 년 전, 이 공룡은 가장 크고
많은 육식 동물이었다. 10m 정도의
알로사우루스의 화석과 더불어 1m밖에
안 되는 어린 알로사우루스의 화석이
공룡 천연기념물 산지의 암석에서 발견되었다.

백악기 *Cretaceous Scene*

백악기는 중생대의 마지막 시대이다. 공룡과 함께 이 시기를 대표하는 생물은 암모나이트이다. 하지만 모두 백악기 말에 멸종되었다. 당시 런던은 칠레소나무나 거대한 양치식물인 소철에 덮인 산악 지대였다. 홍수로 운반된 진흙과 모래는 지금의 프랑스나 벨기에 근처에 넓은 평지와 늪지대를 만들었다. 곤충들은 식물들 사이를 날아다녔고, 공룡들은 이따금 멈춰 서서 일광욕을 즐겼다.

물고기를 잡아먹는 공룡
물고기가 일으키는 잔물결과 물거품을 찾아다니며 바리오니쿠스는 강물 속에 발을 담그고 물고기를 잡는다.

판과 뿔
폴라칸투스와 힐라이오사우루스는 갑옷 공룡이다. 골질로 된 판과 튀어나온 뿔로 몸을 보호하며 양치류를 먹고 살았다.

힐라이오사우루스

폴라칸투스

바리오니쿠스

레피도테스

악어

Cricket
귀뚜라미

잠자리

딱정벌레

바퀴벌레

곤충의 세계
잠자리와 풀잠자리가 양치식물의 잎 위에 앉아 있다. 그 아래에서는 딱정벌레와 바퀴벌레가 덤불 사이를 돌아다니고, 귀뚜라미가 요란하게 울어대며 공룡 발에 깔리지 않으려고 뛰어오른다.

강 속
산 위에서 흘러내린 진흙과 빗물 때문에 물이 불어난 강 속에서는 악어들이 돌아다닌다. 거북이들은 때때로 둑 위에서 햇볕을 쬐며 1m쯤 되는 물고기 레피도테스가 헤엄치는 것을 본다. 이들은 모두 떠내려 온 공룡의 시체를 실컷 먹었다.

총총거리며 걷는 공룡
힙실로포돈 무리가 마른 땅을 찾아
진흙땅과 얕은 시냇물을 건너고 있다.
긴 발가락이 있는 뒷발로 총총 걸으면서
양치식물을 먹기 위해 멈추기도 하고,
언제 닥칠지 모를 위험을 경계하며
나아가고 있다.

쿵쿵거리며 걷는 공룡
용각 아목 공룡 무리가 멀리 모랫둑에서
나무가 줄이은 만을 향해 쿵쿵 무거운
걸음을 옮기고 있다. 커다란 몸뚱이의
그들은 머리를 높이 들고 양치류 꼭대기에
달린 잎을 뜯어 먹었다.

태양열을 모으는 돌기
알티스피나쿠스가 느리고 병든 먹이에게
달려들 기회를 노리며 공룡 무리 곁으로
천천히 움직이고 있다. 등뼈에 달린 피부
돌기로 태양열을 모아 체온을 조절했다.

용각 아목 공룡들

알티스피나쿠스

힙실로포돈

이구아노돈

바다거북

이구아노돈
이구아노돈은 침엽수와 키 큰 소철류의 가지에
서 잎을 훑어 먹었다. 당시의 충적 평야 남쪽
끝(지금의 벨기에)에서 살던 비슷한 종류보다
몸집이 작은 이구아노돈이 영국 남부의
백악기 숲과 평원에서 살았다.

공룡 화석 발굴 *Digging up Dinosaurs*

동물들의 시체는 대부분 풍화되거나 다른 생물에 의해 분해된다.
하지만 때로는 강이나 호수로 떠내려가 모래와 진흙에 묻히거나
사막에서는 바람에 날리는 모래에 묻혀 보존되기도 한다.
수백만 년 동안 공룡의 몸에서 부드러운 부분은 썩어
없어지고, 단단한 뼈와 치아는 화석이 되었다. 때로는
공룡의 피부가 부드러운 진흙에 모습을 남겼고,
깨지기 쉬운 알껍데기도 화석이 되었다. 하지만
암석은 굳어지면서 성분이 화학적으로 변하기도
하고 부서지기도 하기 때문에 공룡의 본래 모습을
찾기 위해서는 많은 노력이 필요하다.

① 화석
공룡의 화석은 약 2억 1,000만~6,400만 년 된 지층 속에서
발견된다. 대개 땅 속 깊이 묻혀 있지만, 산중턱이나
채석장, 바닷가의 암벽에서 노출되기도 한다.

파내기와 깨끗이 하기
겉으로 드러난 뼈는 정으로 조심스럽게 암석을
떼어 내고, 돌가루를 붓으로 쓸어 낸다. 그리고
뼈를 다시 암석 위에 놓고 본래의 모습을 확인한다.
뼈 조각을 발견하면 쪼개진 조각을 붙인다.
돌가루를 채질하여 작은 뼈 조각을 찾기도 한다.

도구
곡괭이와 삽으로 큰 암석을 떼어 낸다. 망치와 날카로운
정으로는 작은 암석을 떼어 내고, 붓으로는 돌먼지를 쓸어
낸다. 작업하는 사람들은 보호 안경을 쓰고, 벼랑 옆에서
일할 때는 반드시 안전모를 쓴다.

보호
물에 젖은 얇은 종이로 화석의 표면을 싸고 두꺼운
붕대나 삼베를 석고 반죽에 담갔다가 꺼내어 그 위에
덮는다. 붕대가 굳으면 화석을 들어 올린다.

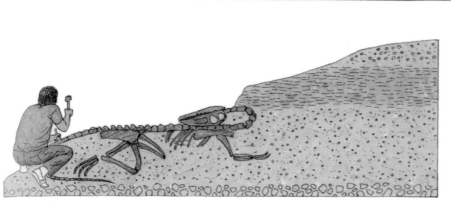

② 단서

지층 표면에 드러난 뼈 조각을 단서로 지층 깊이 묻혀 있을
거라 짐작되는 뼈대의 나머지 부분을 발굴한다. 화석을 싸고
있는 암석은 조심스럽게 천천히 떼어 내고, 현장에서 암석을
모두 떼어 낼 수 없는 뼈들은 그대로 가져간다.

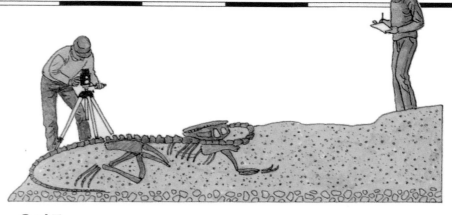

③ 기록

발굴이 진행되는 동안 각 뼈의 위치를 기록하기 위해
지도와 그림을 그리거나 사진을 찍는다. 무슨 뼈들인지,
뼈대의 어느 부위인지, 그리고 공룡이 어떻게 죽었으며,
어떻게 화석이 되었는지 알기 위해서이다.

점검표

대규모 발굴에서는 점검표를 만들지
않으면 화석 일부를 빠뜨릴 수 있다.
번호를 붙인 뼈를 발굴 장소의 지도 위에
표시해 뼈를 다시 맞출 때 이용할 수 있게
한다. 실험실에서 더 자세한 작업을 하기
위해 뼈들을 나무 상자에 넣기도 한다.

실험실 작업

중요한 특징을 나타내기 위해 표본
을 자세히 그린다.

치과용 기구로 화석에 붙은 돌을
떼어 낸다.

액화된 플라스틱으로 화석
을 단단하게 한다.

붓으로 화석을 깨끗이 한다.

아직 석고에 싸여 있는 화
석 뼈

발굴 현장에서 하는 일은 화석을 거두는
정도이고, 화석을 자세히 조사하는
작업은 실험실에서 이루어진다.
과학자들은 치과용 기구나 조각 펜으로
화석에 붙어 있는 작은 돌들을 떼어 내
현미경으로 자세히 관찰한다.

산성 약품을 써서 돌 조각을 녹이기
도 한다. 마지막으로, 화석의 조각들
을 액체 플라스틱으로 보강하고 함께
붙인다.

가장 큰 공룡
Longest, Tallest Heaviest

용각 아목 공룡들이 공룡 가운데 가장 크고 무겁다.
지금까지 알려진 육상 동물 가운데서도 몸집이 가장
크다. 이 공룡보다 더 큰 동물은 길이 30m이상, 몸무
게 200톤 정도의 흰긴수염고래뿐이다. 그런데 최근에
흰긴수염고래보다 더 긴 용각 아목 공룡이 발견되기도
했다. 이들은 모두 초식 공룡이었으며, 대부분의 지역에서
약 1억 8,500만 년 전, 쥐라기 초기부터 백악기 말까지 살았다.
길이 18m의 카마라사우루스가 1877년, 미국 콜로라도 주에서
처음 발견되었고, 그 뒤 어린 카마라사우루스의 거의
완전한 뼈대가 유타 주 국립 공룡 천연기념물 산지에
서 발견되었다.

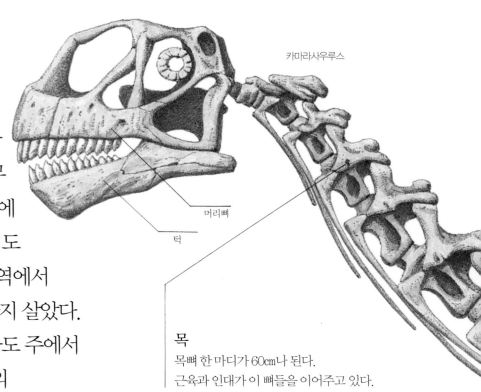

카마라사우루스

머리뼈

턱

목
목뼈 한 마디가 60cm나 된다.
근육과 인대가 이 뼈들을 이어주고 있다.

머리뼈 비교
카마라사우루스보다 디플로도쿠스의 머리뼈가
더 평평하고, 이가 입 앞쪽에 있다.

디플로도쿠스의 머리뼈
커다란 눈구멍이 머리뼈 뒤쪽 가까이에
있고, 콧구멍이 머리 위쪽에 높이 있다.

예리한 후각
카마라사우루스는
머리뼈 앞쪽에 커다란
콧구멍이 있어서 희미한
냄새도 잘 맡는다.

공격자 감시
카마라사우루스도
디플로도쿠스처럼
머리뼈 옆쪽에 큰
눈구멍이 있지만,
눈은 별로 크지 않다.

카마라사우루스 치아

디플로도쿠스 머리뼈

치아
카마라사우루스
같은 초식 공룡의
치아는 두껍고 무디지만,
메갈로사우루스 같은
육식 공룡의 치아는 톱니처럼
날카롭고 뾰족하다.

메갈로사우루스 치아

식이 요법
디플로도쿠스는 입 앞부분에
못처럼 나 있는 가는 치아로
나뭇가지에서 잎을 훑어 냈다.

치아
카마라사우루스는 턱 주위에 빽빽하게
작은 치아들이 나 있다.

카마라사우루스 머리뼈

거대한 공룡
카마라사우루스는 용각 아목 공룡
중에서 작은 편이긴 해도 사람과
비교하면 엄청나게 크다.

빈 공간
머리뼈 왼쪽 공간에는 부풀리는
근육을 위해 마련된 빈 곳이 있다.
이 공간 덕분에 긴 목으로 떠받치는
머리뼈의 무게가 가벼워졌다.

근육
군데군데 뼈에
남아 있는 거친
부분이 근육이 붙어
있던 자리이다.

카마라사우루스

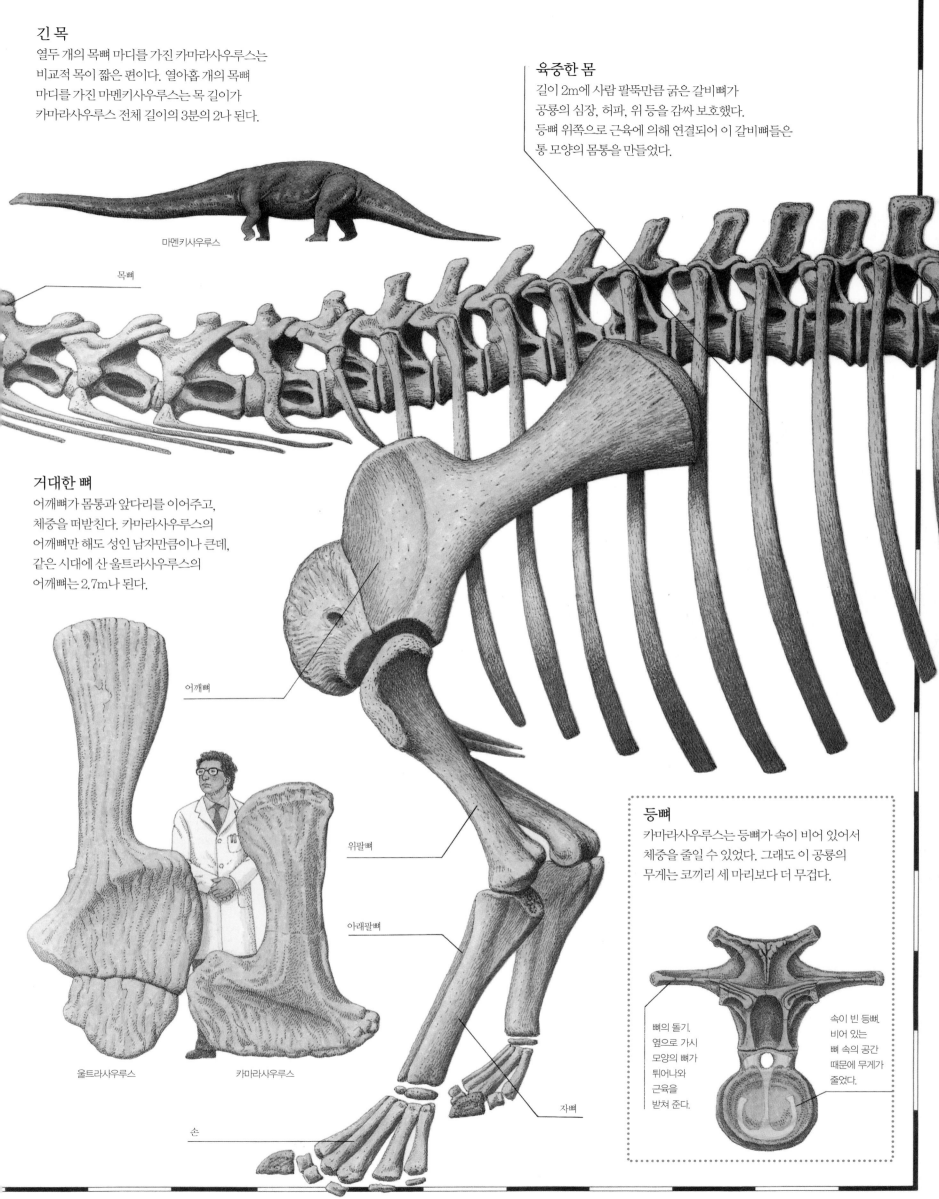

긴 목
열두 개의 목뼈 마디를 가진 카마라사우루스는
비교적 목이 짧은 편이다. 열아홉 개의 목뼈
마디를 가진 마멘키사우루스는 목 길이가
카마라사우루스 전체 길이의 3분의 2나 된다.

마멘키사우루스

목뼈

거대한 뼈
어깨뼈가 몸통과 앞다리를 이어주고,
체중을 떠받친다. 카마라사우루스의
어깨뼈만 해도 성인 남자만큼이나 큰데,
같은 시대에 산 울트라사우루스의
어깨뼈는 2.7m나 된다.

어깨뼈

울트라사우루스

카마라사우루스

위팔뼈

아래팔뼈

손

자뼈

육중한 몸
길이 2m에 사람 팔뚝만큼 굵은 갈비뼈가
공룡의 심장, 허파, 위 등을 감싸 보호했다.
등뼈 위쪽으로 근육에 의해 연결되어 이 갈비뼈들은
통 모양의 몸통을 만들었다.

등뼈
카마라사우루스는 등뼈가 속이 비어 있어서
체중을 줄일 수 있었다. 그래도 이 공룡의
무게는 코끼리 세 마리보다 더 무겁다.

뼈의 돌기.
옆으로 가시
모양의 뼈가
튀어나와
근육을
받쳐 준다.

속이 빈 등뼈.
비어 있는
뼈 속의 공간
때문에 무게가
줄었다.

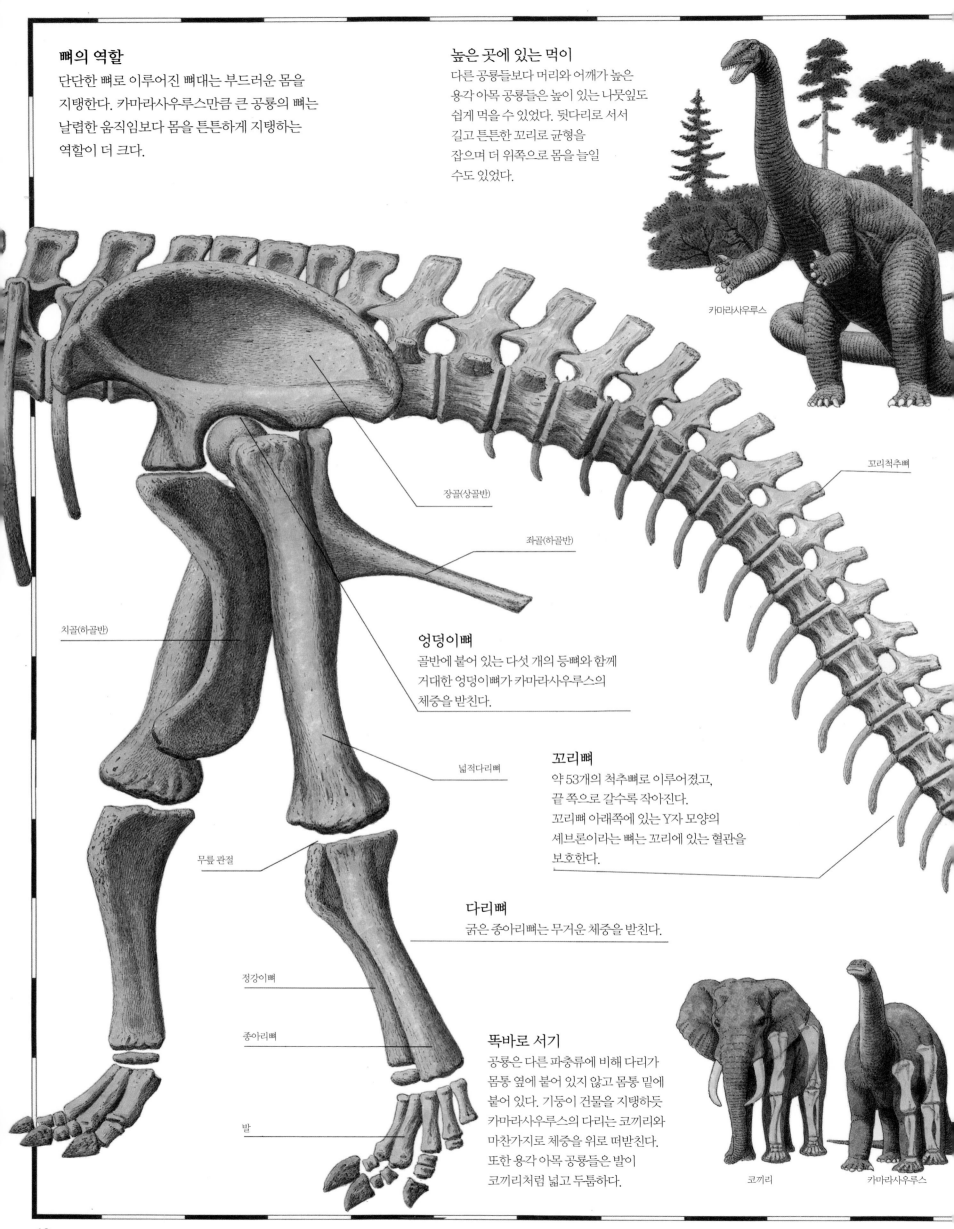

뼈의 역할

단단한 뼈로 이루어진 뼈대는 부드러운 몸을 지탱한다. 카마라사우루스만큼 큰 공룡의 뼈는 날렵한 움직임보다 몸을 튼튼하게 지탱하는 역할이 더 크다.

높은 곳에 있는 먹이

다른 공룡들보다 머리와 어깨가 높은 용각 아목 공룡들은 높이 있는 나뭇잎도 쉽게 먹을 수 있었다. 뒷다리로 서서 길고 튼튼한 꼬리로 균형을 잡으며 더 위쪽으로 몸을 늘일 수도 있었다.

카마라사우루스

장골(상골반)

좌골(하골반)

꼬리척추뼈

치골(하골반)

엉덩이뼈

골반에 붙어 있는 다섯 개의 등뼈와 함께 거대한 엉덩이뼈가 카마라사우루스의 체중을 받친다.

넓적다리뼈

꼬리뼈

약 53개의 척추뼈로 이루어졌고, 끝 쪽으로 갈수록 작아진다. 꼬리뼈 아래쪽에 있는 Y자 모양의 세브론이라는 뼈는 꼬리에 있는 혈관을 보호한다.

무릎 관절

다리뼈

굵은 종아리뼈는 무거운 체중을 받친다.

정강이뼈

종아리뼈

똑바로 서기

공룡은 다른 파충류에 비해 다리가 몸통 옆에 붙어 있지 않고 몸통 밑에 붙어 있다. 기둥이 건물을 지탱하듯 카마라사우루스의 다리는 코끼리와 마찬가지로 체중을 위로 떠받친다. 또한 용각 아목 공룡들은 발이 코끼리처럼 넓고 두툼하다.

발

코끼리

카마라사우루스

공룡의 크기 비교

마멘키사우루스

아파토사우루스

디플로도쿠스

카마라사우루스

아프리카 코끼리는 오늘날 가장 큰 육상 동물이지만, 용각 아목 공룡들과 비교하면 매우 작다.

균형 잡기

아파토사우루스는 82개의 뼈로 이루어진 꼬리를 공중에 흔들거나 땅바닥에 쓸고 다니며 자신의 긴 목과 균형을 잡았다.

채찍질

용각 아목 공룡들은 앞에서 공격을 받으면 뒷다리와 꼬리로 서서 앞발로 적을 차고 밟아 물리쳤다. 발에는 날카로운 발톱이 있어서 한 번의 강한 공격으로 적에게 치명타를 입힐 수 있었다. 뒤에서 공격을 받으면 적을 계속 견제하다가 튼튼하고 우람한 꼬리로 한 대 갈겼다.

아파토사우루스 대 알로사우루스

아파토사우루스는 발로 짓밟거나 거대한 꼬리를 휘둘러 날카로운 이를 가진 알로사우루스로부터 자신들을 지킨다.

공중에 있는 꼬리

디플로도쿠스는 73개의 척추뼈로 이루어진 가늘고 긴 꼬리를 종종 공중에 쳐들고 다닌다.

세브론

육식 공룡
Meat-eaters

육식 공룡들은 근육질의 몸통과
튼튼하고 힘센 다리를 가지고 있었다.
날카로운 이와 발톱으로 먹이를
공격하거나 자신을 방어했다.
약 1억 5,000만~1억 4,000만 년 전에
살았던 알로사우루스가 가장 일반적인
육식 공룡이다. 60마리도 더 되는 알로사우루스의
뼈가 미국 유타 주의 한 채석장에서 발견되었다.
이 공룡은 11m까지 자랐고, 체중은 2톤쯤 되었다.
이렇게 큰 몸집 때문에 멀리 빨리 움직이지는 못했다.

목뼈

알로사우루스

무거운 머리
알로사우루스의 굽은 목은 무거운
머리를 떠받칠 수 있도록 튼튼하고
부드럽다. 9개의 척추뼈로 이루어
졌으며, 짧고 근육질이다.

어깨뼈

위팔뼈

자뼈

바깥 아래팔뼈

손

알로사우루스의 머리뼈
거대한 머리뼈를 이루는 뼈들 사이에
빈 공간이 있어 머리뼈가 단단하고 가볍다.

커다란 눈
눈구멍이 큰 것으로 보아
눈이 매우 컸을 것이다.

이상한 혹
눈 위쪽에 혹이 있어 알로사우루스를
다른 동물과 구별할 수 있었다.

팔과 손
작지만 튼튼한 팔과 손은
걷는 데 쓰이지는 않았지만,
먹이를 잡는 데 도움이 되었다.
세 손가락에는 먹이에서
살을 떼어 낼 수 있는 날카로운
손톱이 나 있다.

알로사우루스

무서운 이빨
70개 이상의 톱날 같은 치아들이
줄지어 나 있다. 치아 끝이
뒤쪽으로 굽어서 고깃덩어리를
입 속으로 우겨 넣을 수 있다.

발달된 근육
알로사우루스처럼 입이 큰 육식
공룡들은 입을 열고 닫는 커다란
근육이 있다. 머리 안쪽의 불쑥
솟은 근육 때문에 머리뼈의
빈 공간이 더 넓어질 수 있다.

사나운 알로사우루스
알로사우루스의 머리뼈는 길이가
거의 1m나 된다. 사납게 물 때는 머
리뼈 뒤쪽을 중심으로 해서 턱을 한
껏 열고 닫았다.

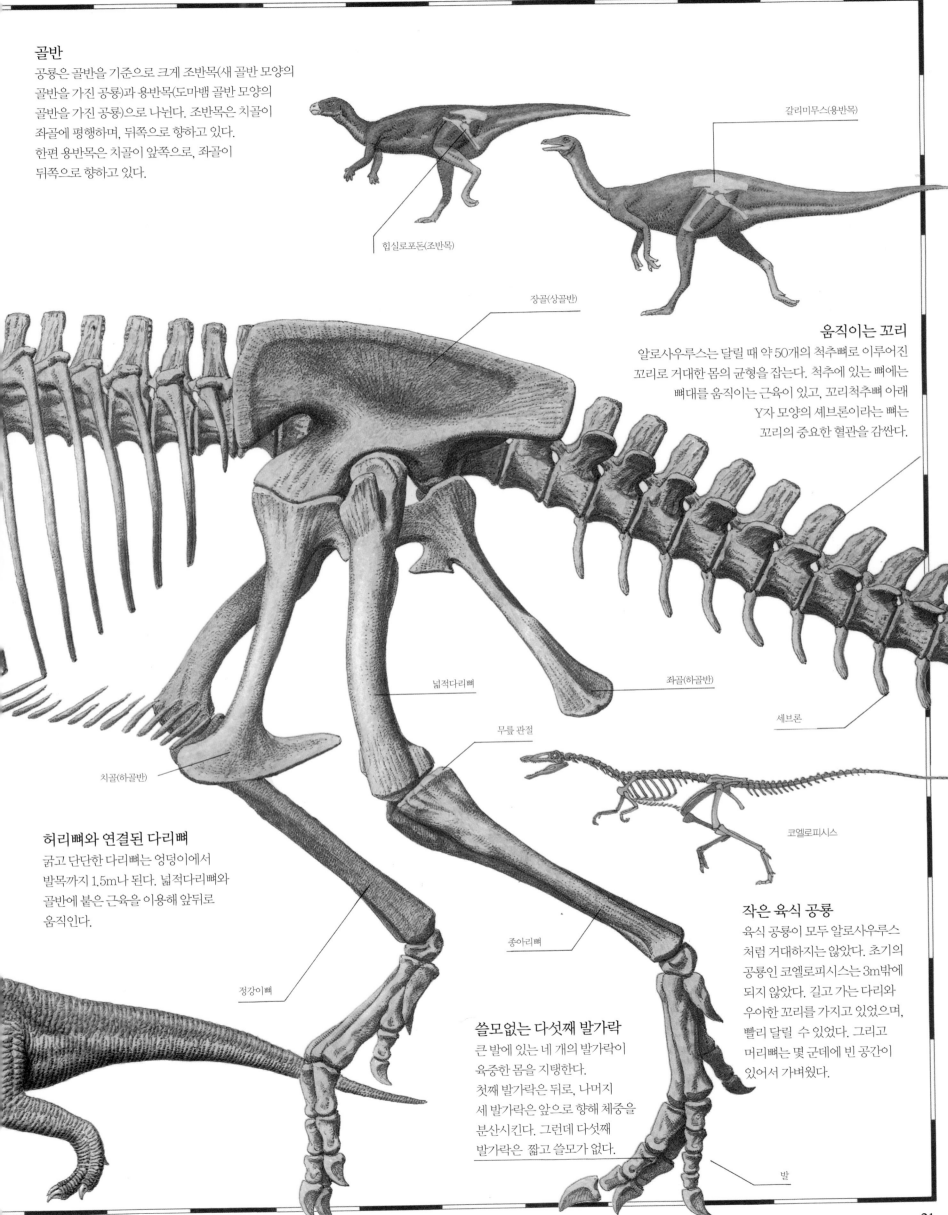

골반

공룡은 골반을 기준으로 크게 조반목(새 골반 모양의 골반을 가진 공룡)과 용반목(도마뱀 골반 모양의 골반을 가진 공룡)으로 나뉜다. 조반목은 치골이 좌골에 평행하며, 뒤쪽으로 향하고 있다. 한편 용반목은 치골이 앞쪽으로, 좌골이 뒤쪽으로 향하고 있다.

갈리미무스(용반목)

힙실로포돈(조반목)

장골(상골반)

움직이는 꼬리

알로사우루스는 달릴 때 약 50개의 척추뼈로 이루어진 꼬리로 거대한 몸의 균형을 잡는다. 척추에 있는 뼈에는 뼈대를 움직이는 근육이 있고, 꼬리척추뼈 아래 Y자 모양의 셰브론이라는 뼈는 꼬리의 중요한 혈관을 감싼다.

넓적다리뼈

좌골(하골반)

셰브론

치골(하골반)

무릎 관절

코엘로피시스

허리뼈와 연결된 다리뼈

굵고 단단한 다리뼈는 엉덩이에서 발목까지 1.5m나 된다. 넓적다리뼈와 골반에 붙은 근육을 이용해 앞뒤로 움직인다.

종아리뼈

작은 육식 공룡

육식 공룡이 모두 알로사우루스 처럼 거대하지는 않았다. 초기의 공룡인 코엘로피시스는 3m밖에 되지 않았다. 길고 가는 다리와 우아한 꼬리를 가지고 있었으며, 빨리 달릴 수 있었다. 그리고 머리뼈는 몇 군데에 빈 공간이 있어서 가벼웠다.

정강이뼈

쓸모없는 다섯째 발가락

큰 발에 있는 네 개의 발가락이 육중한 몸을 지탱한다. 첫째 발가락은 뒤로, 나머지 세 발가락은 앞으로 향해 체중을 분산시킨다. 그런데 다섯째 발가락은 짧고 쓸모가 없다.

발

북아메리카 공룡
North America

새로운 종류의 공룡들이 북아메리카에서
발견되고 있다. 티라노사우루스와
스테고사우루스는 이곳에서만 발견되었고,
서부의 배드랜드에서는 전 세계에서 가장 많은
화석이 발견되고 있다. 유타 주는 한 지역을 국립
공룡천연기념물 산지로 지정했으며, 캐나다에서
는 공룡이 발견된 지역 전체를 주립 공원으로
만들었다. 북아메리카에서 발견된 공룡들은 극동
아시아에서 발견된 공룡들과 밀접한 관계를
가지고 있다.

콜빌 강
알래스카, 미국

파라사우롤로푸스

피스 리버
브리티시 컬럼비아, 캐나다

발자국

드럼헬러
앨버타, 캐나다

주립 공룡 공원
앨버타, 캐나다

에드몬토사우루스

코리토사우루스

쇼토
몬태나, 미국

헬 크리크
몬태나, 미국

알과 둥지

빌링스 부근
몬태나, 미국

티라노사우루스

코모 산지
와이오밍, 미국

데이노니쿠스

디플로도쿠스

트리케라톱스

클리블랜드―로이드 공룡 유적
유타, 미국

랜스 크리크
와이오밍, 미국

알로사우루스

가든 파크
콜로라도, 미국

국립 공룡 천연 기념물 산지
유타/콜로라도, 미국

스테고사우루스

생후안 강
뉴멕시코, 미국

사우롤로푸스

고스트 랜치
뉴멕시코, 미국

모레노 힐즈
캘리포니아, 미국

펜타케라톱스

코엘로피시스

코아우일라 주
멕시코

발자국

팰러시 강
텍사스, 미국

파노플로사우루스

진흙 속의 발자국

공룡들은 강가와 호숫가에 있는 진흙과 모래 위를
걸으며 많은 발자국을 남겼다. 캐나다의 피스 리버
계곡에 있는 암석에서는 1,700여 개의 공룡 발자국이
발견되었다. 오리부리 공룡 무리와 육식 공룡들의
것인데, 이곳이 얼마나 혼잡하고 위험했는지 알 수 있다.

데이노니쿠스
사우롤로푸스
코리토사우루스
파라사우롤로푸스
크리토사우루스
마이아사우라

데이노니쿠스

재빠른 공룡

1964년, 몬태나의 배드랜드에서 데이노니쿠스
화석이 발견되었다. 이 공룡은 빨리 달릴 수 있었고,
순간적으로 상대를 공격했다. 영리하고 재빠른
공룡이었다.

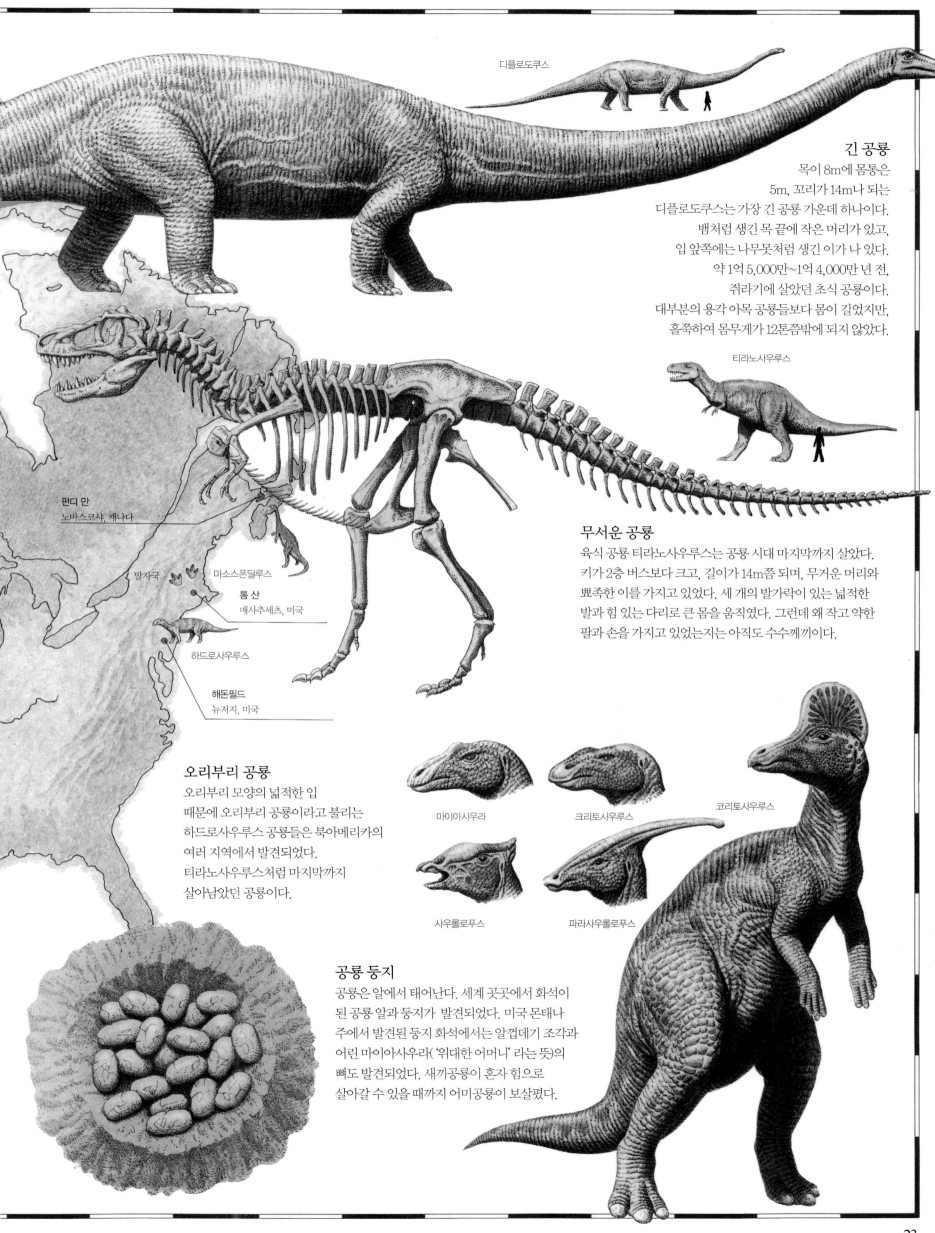

디플로도쿠스

긴 공룡

목이 8m에 몸통은 5m, 꼬리가 14m나 되는 디플로도쿠스는 가장 긴 공룡 가운데 하나이다. 뱀처럼 생긴 목 끝에 작은 머리가 있고, 입 앞쪽에는 나무못처럼 생긴 이가 나 있다. 약 1억 5,000만~1억 4,000만 년 전, 쥐라기에 살았던 초식 공룡이다. 대부분의 용각 아목 공룡들보다 몸이 길었지만, 홀쭉하여 몸무게가 12톤쯤밖에 되지 않았다.

티라노사우루스

무서운 공룡

육식 공룡 티라노사우루스는 공룡 시대 마지막까지 살았다. 키가 2층 버스보다 크고, 길이가 14m쯤 되며, 무거운 머리와 뾰족한 이를 가지고 있었다. 세 개의 발가락이 있는 넓적한 발과 힘 있는 다리로 큰 몸을 움직였다. 그런데 왜 작고 약한 팔과 손을 가지고 있었는지는 아직도 수수께끼이다.

펀디 만
노바스코샤, 캐나다

발자국
마소스폰딜루스

톰 산
매사추세츠, 미국

하드로사우루스

해돈필드
뉴저지, 미국

오리부리 공룡

오리부리 모양의 넓적한 입 때문에 오리부리 공룡이라고 불리는 하드로사우루스 공룡들은 북아메리카의 여러 지역에서 발견되었다. 티라노사우루스처럼 마지막까지 살아남았던 공룡이다.

마이아사우라

크리토사우루스

코리토사우루스

사우롤로푸스

파라사우롤로푸스

공룡 둥지

공룡은 알에서 태어난다. 세계 곳곳에서 화석이 된 공룡 알과 둥지가 발견되었다. 미국 몬태나 주에서 발견된 둥지 화석에서는 알껍데기 조각과 어린 마이아사우라('위대한 어머니'라는 뜻)의 뼈도 발견되었다. 새끼공룡이 혼자 힘으로 살아갈 수 있을 때까지 어미공룡이 보살폈다.

공룡 공원 *Dinosaur Park*

캐나다의 앨버타 주 레드 디어 강 둑을 따라 세계에서 가장 큰 공룡 산지가 있다. 350여 마리의 뼈가 발굴되었고, 해마다 새로운 화석이 발굴되고 있다. 하드로사우루스 공룡이 가장 흔하게 발견되었고, 뿔 달린 켄트로사우루스가 밀집된 상태로 발견되었다. 갑옷으로 덮인 유오플로케팔루스와 티라노사우루스의 일종인 알버토사우루스도 발견되었다.

유네스코에서는 이곳을 세계유산으로 지정했다. 공룡들이 살던 약 7,500만 년 전의 이곳은 따뜻하고, 아열대 식물로 뒤덮여 있었다.

알버토사우루스

공포의 대상
이 공원의 가장 흔한 육식 공룡인 알버토사우루스는 티라노사우루스의 일종이다. 작지만 재빠르게 움직이면서 많은 초식 공룡들을 위협했다.

몰려드는 사람들

1900년대 초, 공룡 화석 채집인들이 이곳에 모여들었다. 오리부리 공룡, 갑옷 공룡, 뿔공룡 등의 화석이 이 배드랜드에서 발굴되어 마차와 뗏목으로 운반되었다.

박물관으로

공룡의 거대한 뼈는 헬리콥터와 대형 트럭에 실려 박물관으로 운반된다.

레드 디어 강
레드 디어 강은 울퉁불퉁하고 황량한 평원을 가로지른다. 고대의 퇴적물에 의해 이루어진 암석 지대를 깎으며 흐른다.

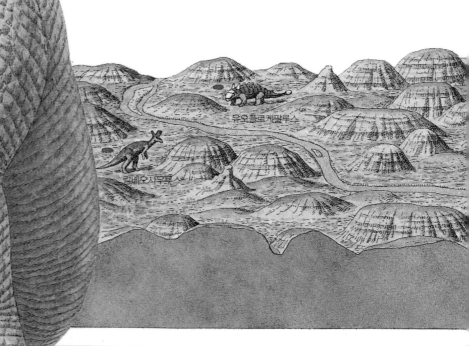

유오플로케팔루스

람베오사우루스

람베오사우루스 머리뼈

유오플로케팔루스

람베오사우루스

위험한 무기
유오플로케팔루스는 이 공원에서 발견되는
가장 흔한 갑옷 공룡이다. 갑옷 공룡은
골질로 된 갑옷으로 몸을 싸고, 등에는
뿔처럼 생긴 것이 솟아 있다. 무게 2톤,
길이 6m정도이며, 튼튼한 꼬리 끝에
있는 곤봉 같은 뼈를 휘둘러 적을 물리쳤다.

울음소리
길이가 15m나 되는 람베오사우루스는
오리부리 공룡 가운데 가장 큰 공룡이다.
커다란 볏은 뒤쪽으로 뻗은 뿔 같은 것과
함께 속이 관처럼 비어 있다.
이 관은 콧구멍으로 이어져 큰 소리를
내거나 동료를 부르는 데 쓰였다.

집단 피신
켄트로사우루스 뼈 화석이 한 곳에서
무더기로 발견되었다. 어린 공룡의 뼈도
섞여 있는데, 일부는 깨지거나 뭉개졌다.
무엇엔가 놀라서 우르르 도망치다가
물살 센 강을 건널 때 죽은 것 같다.

유오플로케팔루스   알버토사우루스   람베오사우루스

알버토사우루스

켄트로사우루스 시체

뿔 달린 얼굴 *Horned Face*

코뿔소처럼 머리에 뿔이 달린 트리케라톱스는 지구상의
마지막 공룡에 속한다. 코 위와 눈 위에 뿔이 나 있고,
머리 뒷부분에 골질로 된 프릴이 있다. 육중한 몸통과 힘센 다리로 적에
맞서서 굳세게 버틸 수 있었다. 이들은 치아가 없는 부리로 넓은 평원의
풀을 뜯어먹으며 떼지어 살았다. 뿔공룡은 켄트로사우루스나
스티라코사우루스처럼 짧은 프릴을 가진 무리와 토로사우루스나
펜타케라톱스처럼 긴 프릴을 가진 무리로 나뉜다. 짧은 프릴을 가진 공룡들이
긴 코뿔과 짧은 눈위뿔을 가진 반면, 긴 프릴을 가진 공룡들은 짧고 무딘 코뿔과
이마를 향한 긴 뿔을 가지고 있다. 트리케라톱스는 이 두 무리의 중간쯤 된다.
뿔공룡들은 북아메리카에서만 발견되었다. 너무 늦게 나타나기도 했거니와
대륙이 분열되고 있어서 다른 곳으로 퍼져 나갈 수 없었기 때문이다.

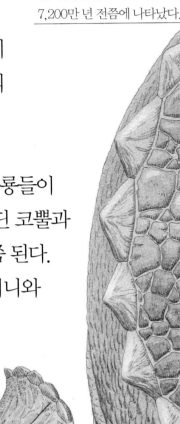

트리케라톱스
뿔이 셋 달린 트리케라톱스는
7,200만 년 전쯤에 나타났다.

큰 머리
뿔공룡의 머리뼈는 코뿔, 눈위뿔, 그리고 머리 뒤쪽에
부채 모양의 넓은 프릴이 있어 아주 크다. 두 눈 사이에는
머리뼈 전체를 튼튼히 하기 위해 특별한 뼈가 발달했다.

눈위뿔

코뿔

프릴

작은 뇌
사람의 머리는 토로사우루스의 약 13분의 1밖에
안 되지만, 뇌로 가득 차 있다.
그런데 토로사우루스의 머리는 대부분 근육과
뼈로 차 있고, 뇌는 매우 작다.

튼튼한 뼈대
세 개의 목뼈는 한 개의 단단한 뼈로 합쳐져 있으며,
등뼈를 강화시켜 주는 힘줄이 있다. 8개의 척추뼈가
골반에 연결되어 있고(보통은 5개), 튼튼한 네 다리로
무거운 체중을 지탱했다.

골질의 힘줄

골반에 연결되는
여덟 개의 척추뼈

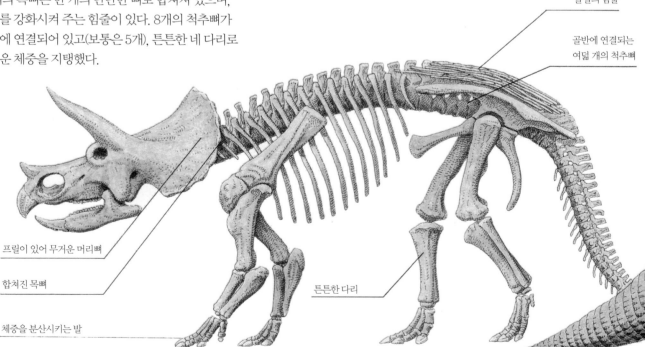

프릴이 있어 무거운 머리뼈

합쳐진 목뼈

튼튼한 다리

체중을 분산시키는 발

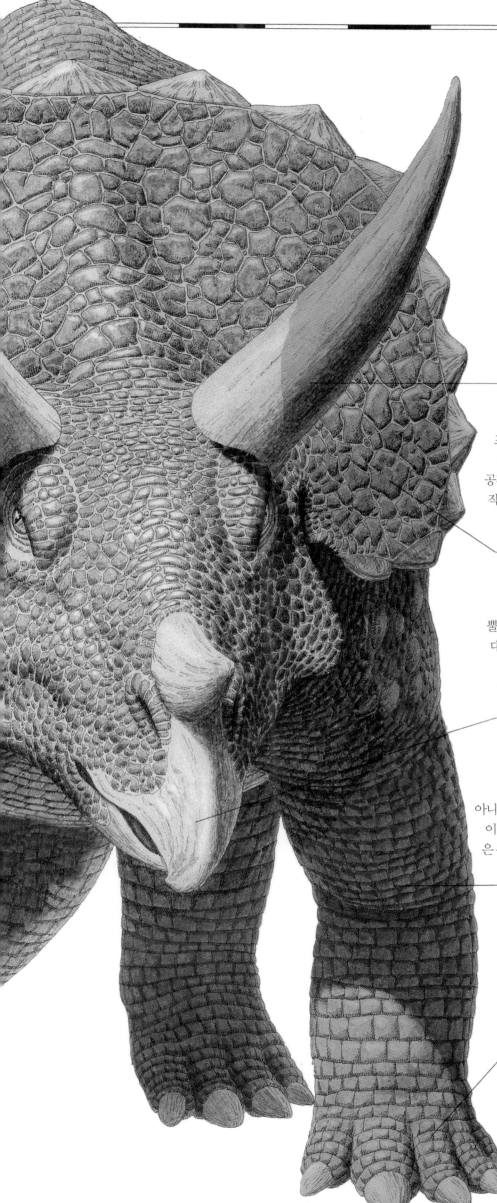

멋진 프릴
프릴은 머리뼈에서 시작해 눈위뿔 뒤를 지나 턱까지 이르는 커다란 근육에 붙어 있다. 머리를 들 때는 목을 보호했고, 머리를 숙이면 프릴이 일어서서 다른 공룡들을 위협했다. 토로사우루스의 머리뼈가 가장 길었는데, 거의 2.5m나 되었다.

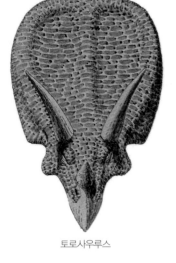

토로사우루스

경고
트리케라톱스의 뿔은 적에게 공격을 당할 때 자신을 방어하는 무기였다. 그리고 무리 가운데 계급을 나타내는 표시이기도 했다.

프릴이 있는 공룡들
프릴에는 두 개의 빈 공간이 있어 무게를 줄였다. 하지만 트리케라톱스는 아무런 공간도 없는 무거운 프릴을 가지고 있었다. 작은 프릴에 특이하게도 긴 프릴 공룡들의 특징인 짧은 코뿔과 긴 눈위뿔을 가지고 있었다.

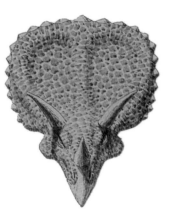

펜타케라톱스

부리와 턱
뿔공룡은 초식성이었다. 입 앞쪽에는 치아 대신 튼튼하고 날카롭게 구부러진 부리가 있어서 단단한 식물도 자를 수 있었다. 부리 뒤에는 날카로운 치아가 솟은 턱이 있어서 나뭇잎을 자를 수 있었다.

무거운 체중
트리케라톱스는 체중이 약 5.5톤이나 되었지만, 뿔공룡 중에서는 무거운 편이 아니었다. 토로사우루스는 약 9톤이나 되었다. 이처럼 무거운 체중을 받치기 위해 뿔공룡들은 우람하고 튼튼한 다리를 가졌다. 앞다리는 머리뼈의 무게도 떠받쳐야 했다.

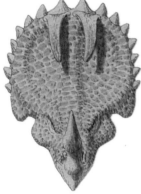

켄트로사우루스(뿔공룡)

체중 분산
코끼리처럼 크고 무거운 동물은 체중을 분산시키기 위해 바닥이 넓은 두툼한 발을 가졌다. 트리케라톱스 또한 체중을 분산시키는 넓은 발을 가졌다.

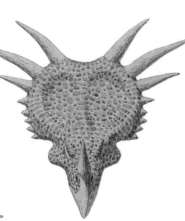

스티라코사우루스

트리케라톱스

공룡들의 만찬 *Dinosaur Feasts*

초식 공룡은 나뭇잎과 어린 가지들을 먹었고, 육식 공룡은 다른 공룡들을 포함한 동물들을 잡아먹었다. 캐나다 앨버타 주에서 발굴된 화석들을 보면, 초식 공룡 100마리당 4~5마리의 육식 공룡이 있었다는 사실을 알 수 있다. 곤충뿐 아니라 동물과 식물까지 먹었던 공룡도 있었고, 시체나 시체에 남은 찌꺼기를 먹었던 공룡도 있었다. 육식 공룡은 모두 날카로운 이와 발톱을 가지고 있었다. 튼튼한 턱과 안쪽으로 향한 치아로 고깃덩어리를 입 안쪽으로 우겨 넣을 수 있었다.

치명적인 공격
가장 큰 육식 공룡인 티라노사우루스는 짧은 거리를 시속 30km로 달려 먹이를 공격했다. 그 힘은 치명적이었다.

집단 사냥
재빠른 데이노니쿠스들은 떼를 지어 큰 공룡을 공격했다. 발톱으로 내리치고 꽉 물어뜯어 상대를 죽였다.

잇자국
어떤 아파토사우루스의 등뼈에서는 알로사우루스의 잇자국이 발견되었다.

서로 잡아먹는 공룡
미국 뉴멕시코 주에서 발견된 코엘로피시스의 뼈대 가운데 새끼의 뼈가 섞여 있었다. 아직 알에 있었던 새끼라고 하기에는 너무 큰 것이었다. 코엘로피시스가 다른 코엘로피시스의 새끼를 잡아먹었던 것이다.

알로사우루스

딜로포사우루스

데이노니쿠스

코엘로피시스

가벼운 공룡들
코엘로피시스처럼 빨리 달릴 수 있는 가벼운 공룡들은 곤충, 도마뱀 같은 파충류, 작은 공룡을 잡아먹었다. 수십 마리의 코엘로피시스 뼈대가 한 곳에서 발견되기도 했다.

달리는 사냥꾼
데이노니쿠스는 능숙한 사냥꾼이었다. 톱니 같은 이가 줄지어 있는 튼튼한 턱과 양쪽 발에 나 있는 굽은 발톱은 먹이에게 치명적인 상처를 입혔다. 튼튼한 꼬리는 빨리 달릴 때나, 겁에 질린 초식동물에게 다가갈 때 몸의 균형을 잡아주었다.

튼튼한 다리와 약한 턱
튼튼한 다리와 긴 꼬리가 있고, 길이 6m의 초기 육식 공룡 딜로포사우루스는 알로사우루스보다 약 4,000만 년 전, 지금으로부터 약 1억 9,000만 년 전에 나타났다. 뒤에 나타난 육식 공룡들보다 약한 턱을 가진 것으로 보아 시체를 먹었을 것이다.

티라노사우루스

트로에돈

풍부한 먹이

알로사우루스는 1억 5,000만 년 전, 쥐라기 후기에
주로 북아메리카에서 살았던 육식 공룡이다.
스테고사우루스, 캄프토사우루스, 그리고 거대한
카마라사우루스 등 초식 공룡들의 화석이
알로사우루스의 뼈대와 함께 발견되었다.

영리한 공룡

트로에돈은 훌륭한 사냥꾼이었다. 세 개의 발가락이
있는 앞발로 먹이를 잡았는데, 발가락에는 낫 모양의
발톱이 있었다. 큰 뇌와 큰 눈을 가지고 있어서 밤에
도 먹이를 사냥했다.

파충류의 폭군

가장 거대했던 육식 공룡 티라노사우루스는
무시무시한 사냥꾼이었다. 하지만 공룡이
멸종되어 갈 때는 이 공룡의 굉장한 힘과 거대한
체구 어느 것도 소용없었다.

먹이를 찾아서 *On the Move*

약 1억 8,500만 년에서 6,400만 년 전까지 모든 지역에서 살았던 용각 아목 공룡들은 지금까지 알려진 가장 큰 육상 동물이다. 초식동물로, 대부분의 시간을 먹는 데 보냈다. 모두 목과 꼬리가 매우 길었고, 머리는 몸통에 비해 아주 작았다. 다섯 개의 발가락과 두툼한 발꿈치가 있는 발, 기둥 같은 다리로 엄청나게 큰 몸통을 떠받쳤다. 육식동물로부터 자신들을 방어할 때는 긴 꼬리와 커다란 발을 이용했다. 과학자들은 오랫동안 이들이 육중한 몸 때문에 콧구멍을 물 밖으로 내놓고 물속에서 살 수밖에 없었다고 믿었다. 그러나 길이 23m, 키5m, 체중이 약 42톤에 달하는 아파토사우루스의 발자국이 텍사스의 암석에서 발견되었을 때 생각이 바뀌었다. 거대한 발자국들은 깊은 물속의 진흙이 아니라, 축축한 모래밭에 모습을 남겼다. 아파토사우루스의 발자국 바로 뒤에는 악명 높은 알로사우루스의 발자국이 있었다.

과학자들의 실수
아파토사우루스는 한때 브론토사우루스라고 불렸다. 하지만 처음 발견된 뼈가 아파토사우루스라고 불렸다는 사실이 밝혀져 그 뒤로는 브론토사우루스라는 이름을 쓸 수 없게 되었다.

끝없는 식욕
쥐라기 후기인 약 1억 5,000만 년 전, 여러 무리의 아파토사우루스가 북아메리카의 평원을 돌아다녔다. 배를 채우기 위해 끊임없이 몇 톤이나 되는 나뭇잎과 나뭇가지를 먹어야 했다.

아파토사우루스의 머리뼈
아파토사우루스의 머리뼈가 발견되지 않아
거의 100년동안 다른 용각 아목 공룡인 카마라사우루스의
머리뼈를 이용했다. 1975년에야 비로소 과학자들은
아파토사우루스의 머리뼈가 디플로도쿠스의 머리뼈와
더 비슷하다고 의견을 모았다.

발자국 화석
동물의 발자국 화석은 부드러운
진흙이나 모래에 찍힌 발자국이 굳은
상태에서 재빨리 퇴적물에 묻힐 때
만들어진다. 발자국은 사암, 석회암,
셰일 속에서 발견된다.

남아메리카 공룡
South America

공룡들은 초기부터 남아메리카에서 살다가 점점 다른 대륙으로 건너갔다. 세계 어디에서나 그렇듯 남아메리카에서도 대부분의 공룡 화석이 아르헨티나, 브라질의 남부 같은 사막이나 초원에서 발견되었다. 그리고 페루, 칠레, 우루과이, 콜롬비아에서도 발견되었다. 용각 아목보다 앞선 원시 용각 아목 공룡인 리오자사우루스의 화석의 분포 지역을 보면, 당시 남아메리카가 다른 대륙과 연결되어 있었음을 알 수 있다.

특이한 꼬리
아르헨티나의 살타 지방의 이름을 따서 부른 살타사우루스는 1980년에 발견되었다. 길이가 12m이고, 다른 커다란 공룡과 모습이 비슷했다. 높은 곳에 있는 나뭇잎을 먹기 위해 뒷다리로 설 때는 특이한 꼬리로 몸을 떠받쳤다.

골질 판

골질 덩어리들

튼튼한 갑옷
살타사우루스는 용각 아목 공룡이지만, 등의 두꺼운 피부 위에 골질 판들이 있다. 이 공룡이 발견되기 전까지는 안킬로사우루스를 유일한 갑옷 공룡이라고 생각했다.

살타사우루스

살타사우루스

스타우리코사우루스

무스사우루스

헤레라사우루스

피아트니츠키오사우루스

살타사우루스

엘브레테
아르헨티나

케로 라하다
아르헨티나

이스키구알라스토
아르헨티나

리오자사우루스

헤레라사우루스

네우켄
아르헨티나

티타노사우루스

케로 콘도르
아르헨티나

파타고사우루스

피아트니츠키오사우루스

무스사우루스

산타 크루스
아르헨티나

무스사우루스

쥐를 닮은 공룡
무스사우루스('쥐 모양의 파충류'라는 뜻) 화석이 알들과 함께 발견되었다. 길이 20cm의 갓 부화한 아기공룡이었다. 이 공룡은 2억 1,000만 년 전~1억 9,000만 년 전에 살았던 원시 용각 아목 공룡이다.

32

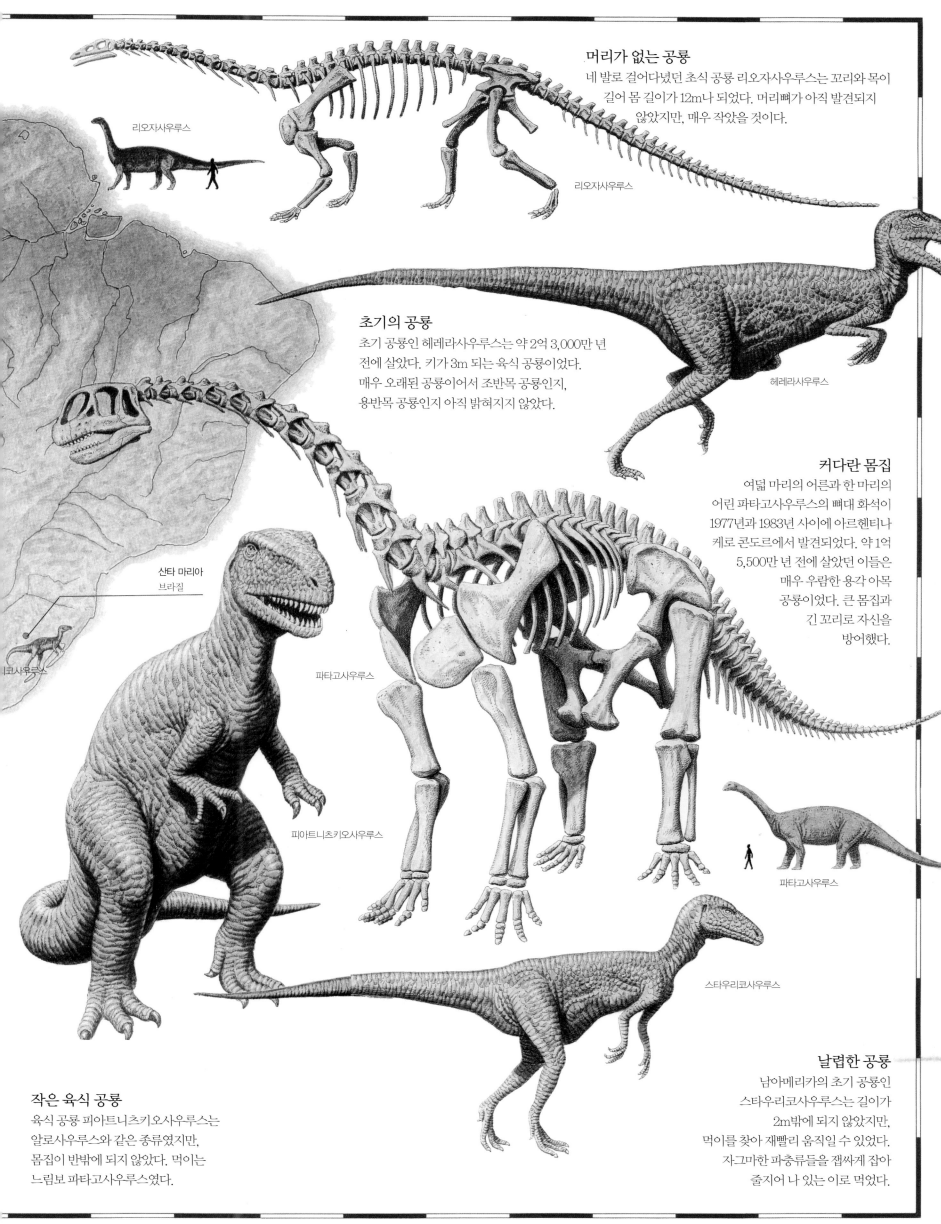

머리가 없는 공룡

네 발로 걸어다녔던 초식 공룡 리오자사우루스는 꼬리와 목이 길어 몸 길이가 12m나 되었다. 머리뼈가 아직 발견되지 않았지만, 매우 작았을 것이다.

리오자사우루스

리오자사우루스

초기의 공룡

초기 공룡인 헤레라사우루스는 약 2억 3,000만 년 전에 살았다. 키가 3m 되는 육식 공룡이었다. 매우 오래된 공룡이어서 조반목 공룡인지, 용반목 공룡인지 아직 밝혀지지 않았다.

헤레라사우루스

커다란 몸집

여덟 마리의 어른과 한 마리의 어린 파타고사우루스의 뼈대 화석이 1977년과 1983년 사이에 아르헨티나 케로 콘도르에서 발견되었다. 약 1억 5,500만 년 전에 살았던 이들은 매우 우람한 용각 아목 공룡이었다. 큰 몸집과 긴 꼬리로 자신을 방어했다.

산타 마리아
브라질

리코사우루스

파타고사우루스

피아트니츠키오사우루스

파타고사우루스

스타우리코사우루스

작은 육식 공룡

육식 공룡 피아트니츠키오사우루스는 알로사우루스와 같은 종류였지만, 몸집이 반밖에 되지 않았다. 먹이는 느림보 파타고사우루스였다.

날렵한 공룡

남아메리카의 초기 공룡인 스타우리코사우루스는 길이가 2m밖에 되지 않았지만, 먹이를 찾아 재빨리 움직일 수 있었다. 자그마한 파충류들을 잽싸게 잡아 줄지어 나 있는 이로 먹었다.

33

유럽의 공룡 *Europe*

'공룡'(디오사우르)이라는 이름은 1841년,
영국 플리머스에서 열린 학술 모임에서
처음 쓰였다. 이구아노돈, 메갈로사우루스, 힐라이오사우루스
등 당시 영국에 알려졌던 선사 시대의 거대한 파충류를 가리
키는 말이었다. 공룡이 유럽에 처음 나타났을 때 유럽은 사막
이었다. 플라테오사우루스는 그 기후에서 살았다.
그 뒤 기후가 열대성으로 변하자 메갈로사우루스가 영국 남부
를 활보했다. 이구아노돈 같은 초식 공룡들은 여러 나라에 흔
적을 남겼고, 시조새는 독일 남부의 따뜻한 바다에서 살았다.

메갈로사우루스의 턱뼈

사람의 뼈? 공룡의 뼈?
메갈로사우루스는 약 1억 5,500만 년~1억 4,500만
년 전에 살았다. 이 공룡에 대해서는 잘 알려져
있지 않다. 화석이 다른 공룡의 것과
혼동되었던 적도 있고, 무릎 끝
부분의 화석은 한때 거인의
것으로 생각된 적도 있다.
큰 입에는 단도처럼 생긴
치아가 줄지어 나 있었다.

엘진
스코틀랜드

스톤필드
잉글랜드

오클리
잉글랜드

스와내지
잉글랜드

스켈리도사우루스

차머스
잉글랜드

와이트 섬
잉글랜드

메갈로사우루스 발자국

살토푸스

메갈로사우루스

바리오니쿠스

이구아노돈

이구아노돈

베르니사르
벨기에

메갈로사우루스

힙셀로사우루스의 알

토레스 베드라스
포르투갈

캄프토사우루스

모렐라
에스파냐

액생프로방스
프랑스

힙실로포돈

힙실로포돈

가장 오랫동안 산 공룡
힙실로포돈은 작고 빠른 초식 공룡이었다.
1억 5,000만 년 전에 나타나 모든 공룡이 멸종된
6,400만 년 전까지 가장 오랫동안 산 공룡이었다.

가장 큰 공룡 알
공룡들의 알 가운데 힙셀로사우루스의 것이
가장 컸다. 길이 30cm의 단단한 알 속에는 3.3ℓ의
액체가 차 있었다. 달걀 60개를 합친 크기이다.

가장 완벽한 공룡 화석

1983년, 영국에서 가장 완벽한 상태의 육식
공룡 화석이 발견되었다. 바리오니쿠스의 화석이었다.
영국 서리 지방의 진흙구덩이에서는 이 공룡의
거대한 발톱이 발견되기도 했다.

바리오니쿠스

플라테오사우루스

플라테오사우루스

할버슈타트
독일

켈하임
독일

콤프소그나투스

시조새

프라크
스위스

졸른호펜
독일

플라테오사우루스

트로싱겐
독일

플라테오사우루스

콤프소그나투스

니스
프랑스

갑작스러운 죽음

최초의 거대한 초식 공룡인 원시 용각 아목 공룡들은
더 큰 용각 아목 공룡들이 나타나기 전에 오랫동안
살았다. 플라테오사우루스의 화석이 프랑스, 스위스,
영국 등에서 발견되었다. 독일의 트로싱겐에서는
뼈대와 뼛조각들이 무더기로 발견되었는데, 이들 무
리가 이동할 때 갑자기 몰아친 홍수에 휩쓸린 듯싶다.

독일에서 발견된 시조새 화석

시조새

새? 파충류?

시조새는 가장 기이한 화석 중 하나이다. 다섯 개의 표본
만이 알려졌는데, 모두 독일의 같은 석회암 지역에서 발견
되었다. 암석의 결이 매우 고와서 깃털 윤곽까지도 남아
있다. 시조새는 새의 깃털과 초기 파충류의 치아, 발톱,
꼬리를 가졌다.

플라테오사우루스   바리오니쿠스   시조새

메갈로사우루스

콤프소그나투스

35

공룡 광산 *Dinosaur Mine*

100여 년 전, 벨기에의 베르니사르 마을 석탄 광산에서 이상한 물체가 발견되었다. 광부들은 나무 화석을 발견했다고 생각했지만, 과학자들은 그것들이 이구아노돈의 뼈라는 사실을 알았다. 터널이 침수되어 작업을 할 수 없을 때까지 몇 년 동안, 39마리 이상의 거의 완전한 이구아노돈 뼈대를 발견했다. 초식 공룡인 이구아노

돈은 길이는 9m까지, 체중은 5톤까지 자랐다. 화석은 유럽과 북아메리카, 북아프리카의 1억 2,500만 년~1억 1,000만 년 초기 백악기 암석에서도 발견되었다.

광산
도르레와 수레를 이용해 공룡 화석들을 땅 위로 끌어올렸다. 지진과 침수 때문에 뼈가 있는 암석을 채집하기가 무척 어려웠다.

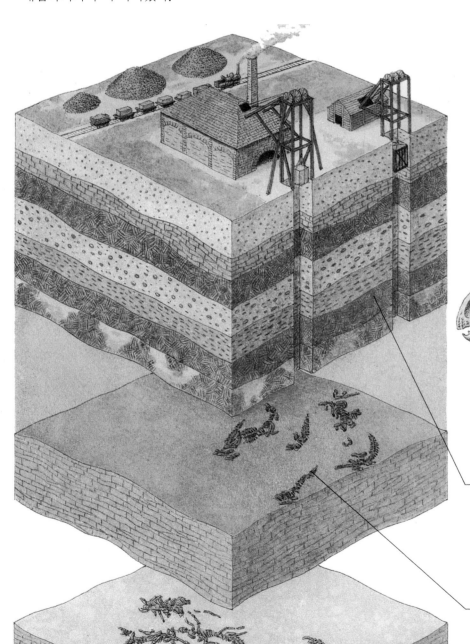

모양이 다른 뼈대
베르니사르에서 나온 뼈대 대부분은 이구아노돈 베르니사르텐시스의 것이었지만, 두 개는 더 작고 날씬한 이구아노돈 아테르피엘덴시스의 것이었다. 둘은 서로 가까운 관계에 있다. 과학자들은 처음에 이구아노돈이 두 발로 걸어다녔을 것이라고 생각했지만, 지금은 그들이 너무 무거워서 네 발로 걸었으리라고 생각하고 있다.

이구아노돈 베르니사르텐시스

암석층
공룡의 뼈대들은 석회암과 석탄층 사이의 사암과 이암 속에서 발견되었다.

첫째 지층
대부분의 이구아노돈 뼈대들은 악어, 물고기, 거북 등의 화석과 함께 322m 아래 지층에서 발견되었다.

이구아노돈 아테르피엘덴시스

둘째 지층
더 많은 뼈대들이 몇 년 뒤 355m 아래에서 발견되었다. 베르니사르 광산에서 발견된 마지막 공룡이었다.

비슷하지만 다른
무게가 가벼운 이구아노돈이 영국 남부의 와이트 섬에서 처음 발견되었다. 어린 공룡의 것이 아니라 종류가 다른 이구아노돈의 화석이었다. 당시에는 영국과 벨기에 사이에 바다가 없었기 때문에 공룡들이 자유롭게 건너다닐 수 있었다.

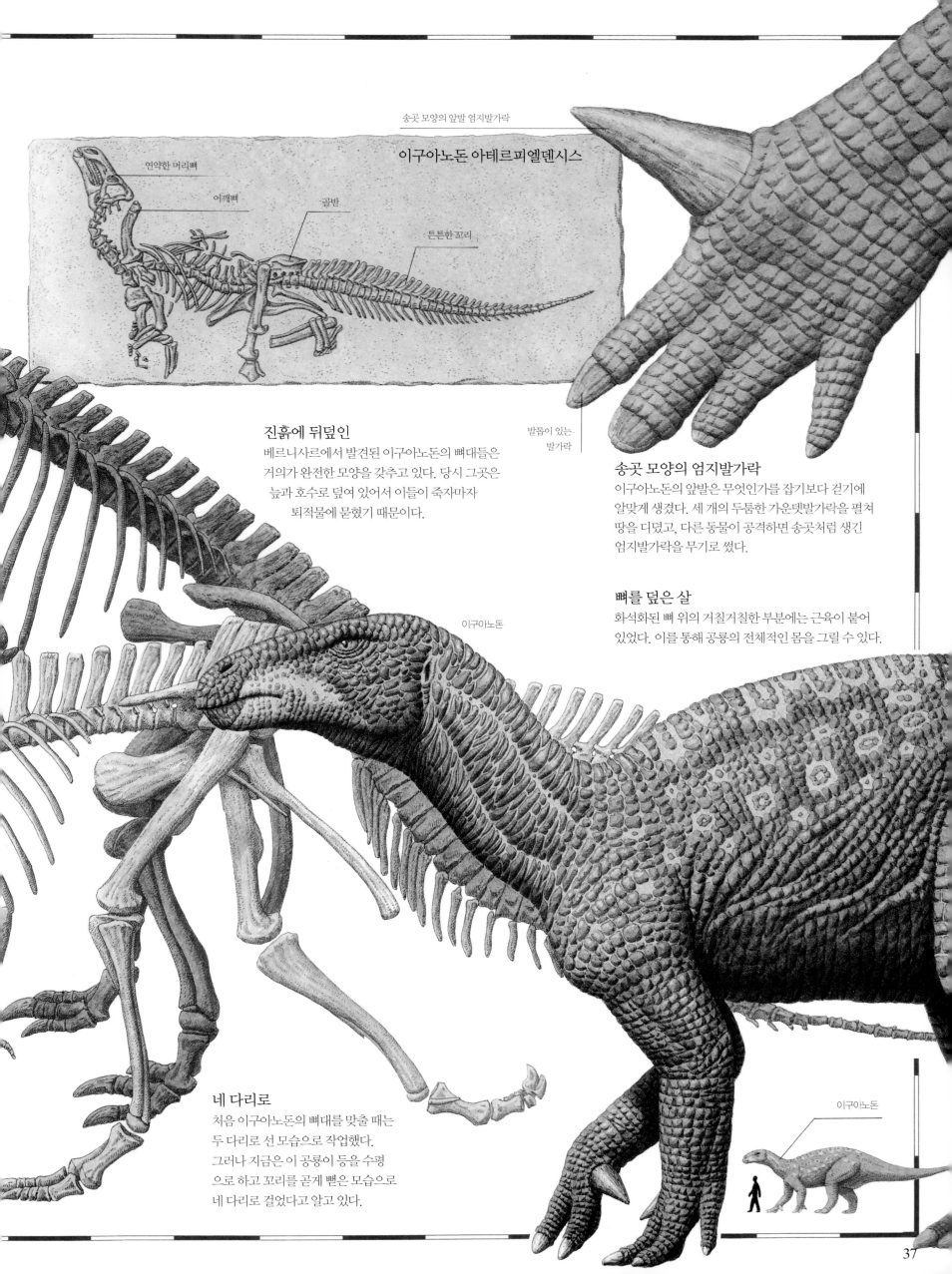

송곳 모양의 앞발 엄지발가락

이구아노돈 아테르피엘덴시스

연약한 머리뼈

어깨뼈

골반

튼튼한 꼬리

진흙에 뒤덮인

베르니사르에서 발견된 이구아노돈의 뼈대들은
거의가 완전한 모양을 갖추고 있다. 당시 그곳은
늪과 호수로 덮여 있어서 이들이 죽자마자
퇴적물에 묻혔기 때문이다.

발톱이 있는
발가락

송곳 모양의 엄지발가락

이구아노돈의 앞발은 무엇인가를 잡기보다 걷기에
알맞게 생겼다. 세 개의 두툼한 가운뎃발가락을 펼쳐
땅을 디뎠고, 다른 동물이 공격하면 송곳처럼 생긴
엄지발가락을 무기로 썼다.

뼈를 덮은 살

화석화된 뼈 위의 거칠거칠한 부분에는 근육이 붙어
있었다. 이를 통해 공룡의 전체적인 몸을 그릴 수 있다.

이구아노돈

네 다리로

처음 이구아노돈의 뼈대를 맞출 때는
두 다리로 선 모습으로 작업했다.
그러나 지금은 이 공룡이 등을 수평
으로 하고 꼬리를 곧게 뻗은 모습으로
네 다리로 걸었다고 알고 있다.

이구아노돈

갈고리발톱 공룡 *Baryonyx*

1983년, 영국 서리 주의 진흙구덩이에서 바리오니쿠스('갈고리발톱'이라는 뜻)의 화석이 발견되었다. 이 공룡은 약 1억 2,400만 년 전에 살았고, 알로사우루스나 메갈로사우루스와 함께 수각 아목에 속하는 육식 공룡이었다. 이 공룡의 발견 이후 과학자들은 사하라 사막에서 발견한 화석 가운데에도 같은 것이 있음을 확인했다. 그 화석에는 갈고리 모양의 발톱뼈도 있어서 바리오니쿠스를 이해하는 데 큰 도움이 되었다.

갈고리발톱
바깥쪽 곡선의 길이가 31cm나 되는 커다란 발톱뼈가 가장 먼저 발견된 부위였다.

다리
뒷다리는 체중을 받칠 만큼 강했고, 앞다리는 다른 육식 공룡의 것보다 더 튼튼했다. 서 있을 때나 천천히 걸을 때는 네 다리를 모두 썼고, 빨리 움직일 때는 뒷다리만 썼다.

바리오니쿠스

특이하게 생긴 머리
바리오니쿠스는 머리가 길고 얄팍하며, 머리 위쪽에 작은 혹이 나 있다. 약해 보이는 긴 아래턱 때문에 다소 기이하게 보인다.

두 개의 갈고리
바리오니쿠스의 앞발 안쪽에는 커다란 갈고리 발톱이 최소한 2개는 나 있었을 것이다.(지금까지는 하나밖에 발견되지 않았다)
다른 수각 아목 공룡들과는 달리 앞다리가 매우 튼튼하고 컸다.

바리오니쿠스

레피도테스

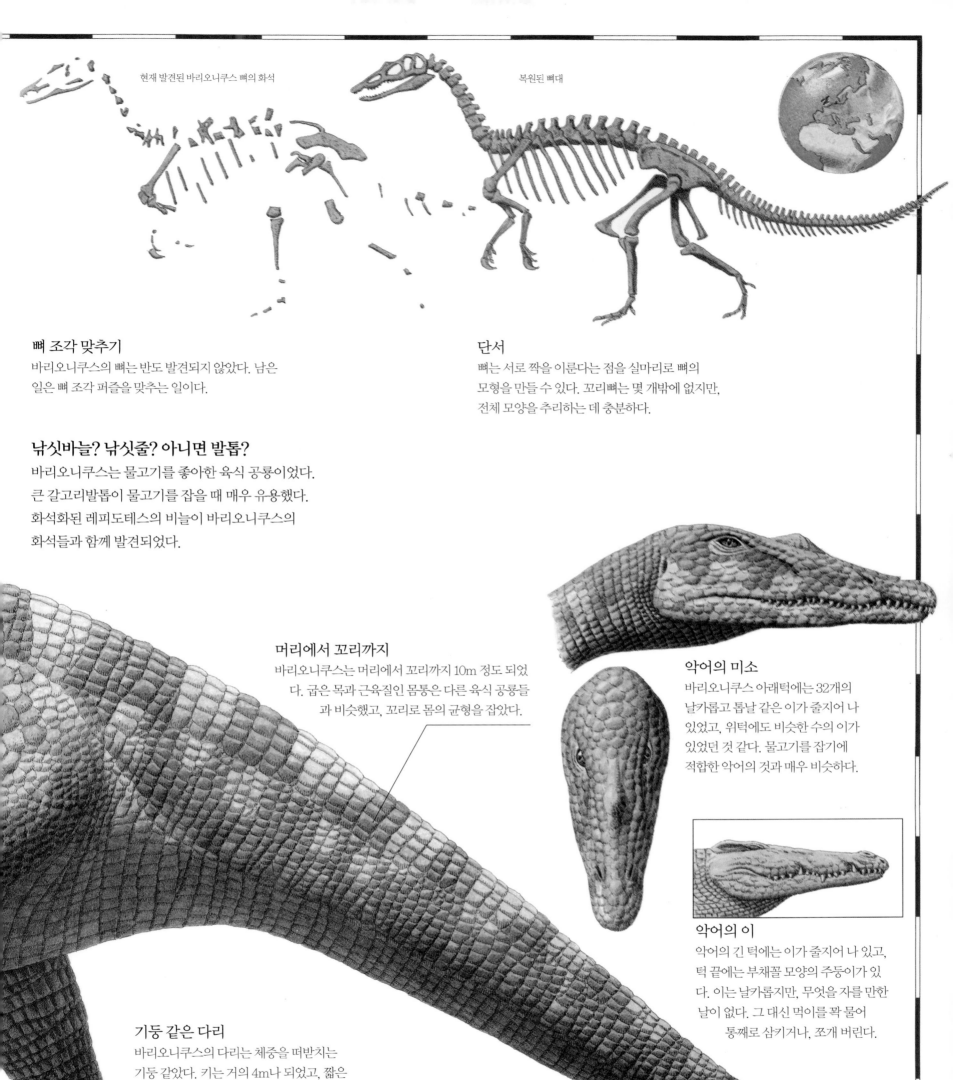

현재 발견된 바리오니쿠스 뼈의 화석

복원된 뼈대

뼈 조각 맞추기
바리오니쿠스의 뼈는 반도 발견되지 않았다. 남은 일은 뼈 조각 퍼즐을 맞추는 일이다.

단서
뼈는 서로 짝을 이룬다는 점을 실마리로 뼈의 모형을 만들 수 있다. 꼬리뼈는 몇 개밖에 없지만, 전체 모양을 추리하는 데 충분하다.

낚싯바늘? 낚싯줄? 아니면 발톱?
바리오니쿠스는 물고기를 좋아한 육식 공룡이었다. 큰 갈고리발톱이 물고기를 잡을 때 매우 유용했다. 화석화된 레피도테스의 비늘이 바리오니쿠스의 화석들과 함께 발견되었다.

머리에서 꼬리까지
바리오니쿠스는 머리에서 꼬리까지 10m 정도 되었다. 굽은 목과 근육질인 몸통은 다른 육식 공룡들과 비슷했고, 꼬리로 몸의 균형을 잡았다.

악어의 미소
바리오니쿠스 아래턱에는 32개의 날카롭고 톱날 같은 이가 줄지어 나 있었고, 위턱에도 비슷한 수의 이가 있었던 것 같다. 물고기를 잡기에 적합한 악어의 것과 매우 비슷하다.

악어의 이
악어의 긴 턱에는 이가 줄지어 나 있고, 턱 끝에는 부채꼴 모양의 주둥이가 있다. 이는 날카롭지만, 무엇을 자를 만한 날이 없다. 그 대신 먹이를 꽉 물어 통째로 삼키거나, 쪼개 버린다.

기둥 같은 다리
바리오니쿠스의 다리는 체중을 떠받치는 기둥 같았다. 키는 거의 4m나 되었고, 짧은 거리를 한걸음에 내달을 수도 있었다.

예쁜 턱 공룡 *Pretty Jaw*

1861년, 세계에서 가장 작은 공룡의 화석이 발견되었다.
'예쁜 턱'을 뜻하는 콤프소그나투스의 화석이었다.
지금까지 세 개의 표본만이 발견되었는데, 가장 완전한
뼈대의 길이가 75cm에 불과하다. 시조새처럼 독일 남부의
석회암 지역에서 발견되어서 처음에는 이 두 화석을 혼동했다.
몇 개의 엄지발톱뼈도 같은 지역에서 발견되었으며, 큰 개 정도 크기의
셋째 표본은 프랑스 남부에서 발견되었다.
콤프소그나투스는 날렵하게 움직이면서 턱 안쪽으로 구부러진
날카로운 이로 곤충과 작은 도마뱀들을 사냥했다.
이들은 1억 4,500만 년 전, 큰 공룡들이 지배하는
지구에서 현명하게 살아남았다.

작은 폭군
지금까지 발견된 콤프소그나투스의
표본은 대부분 닭 크기 정도인데,
실제로는 좀더 컸을 것이다. 이들은
작은 도마뱀과 곤충을 잡아먹었다.

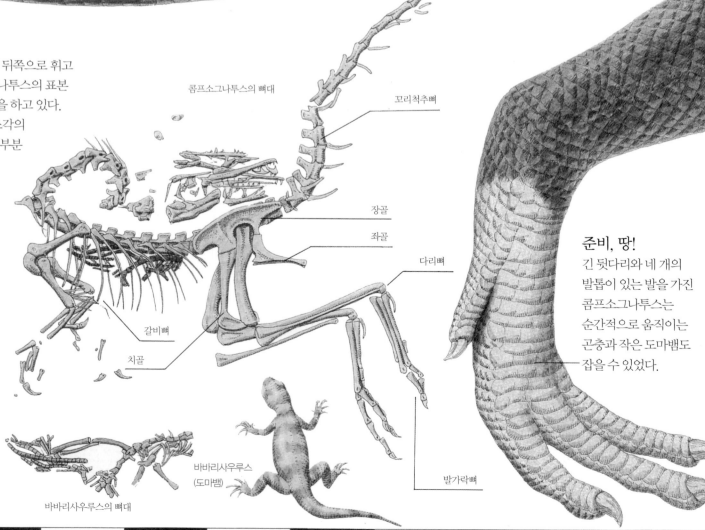

죽은 자세
긴 목을 가진 동물이 죽으면 목이 뒤쪽으로 휘고
뼈가 떨어져 분해된다. 콤푸소그나투스의 표본
중 하나는 전형적인 시체의 모습을 하고 있다.
뼈대가 뒤쪽으로 휘어 있고, 몇 조각의
뼈들은 떨어져 나갔다. 뼈들이 대부분
보존되었지만, 꼬리뼈는 반 이상
없어져 버렸다. 머리가 거꾸로
되어 있고, 뇌 주위의 뼈는
화석화되었다. 뒷다리와 작고
날카로운 발가락뼈는
제자리에 있다.

콤푸소그나투스의 뼈대

꼬리척추뼈

장골

좌골

다리뼈

준비, 땅!
긴 뒷다리와 네 개의
발톱이 있는 발을 가진
콤프소그나투스는
순간적으로 움직이는
곤충과 작은 도마뱀도
잡을 수 있었다.

갈비뼈

치골

발가락뼈

도마뱀 식사
콤프소그나투스의 뼈대 속
에서 바바리사우루스라는
도마뱀 뼈가 발견되었다.

바바리사우루스
(도마뱀)

바바리사우루스의 뼈대

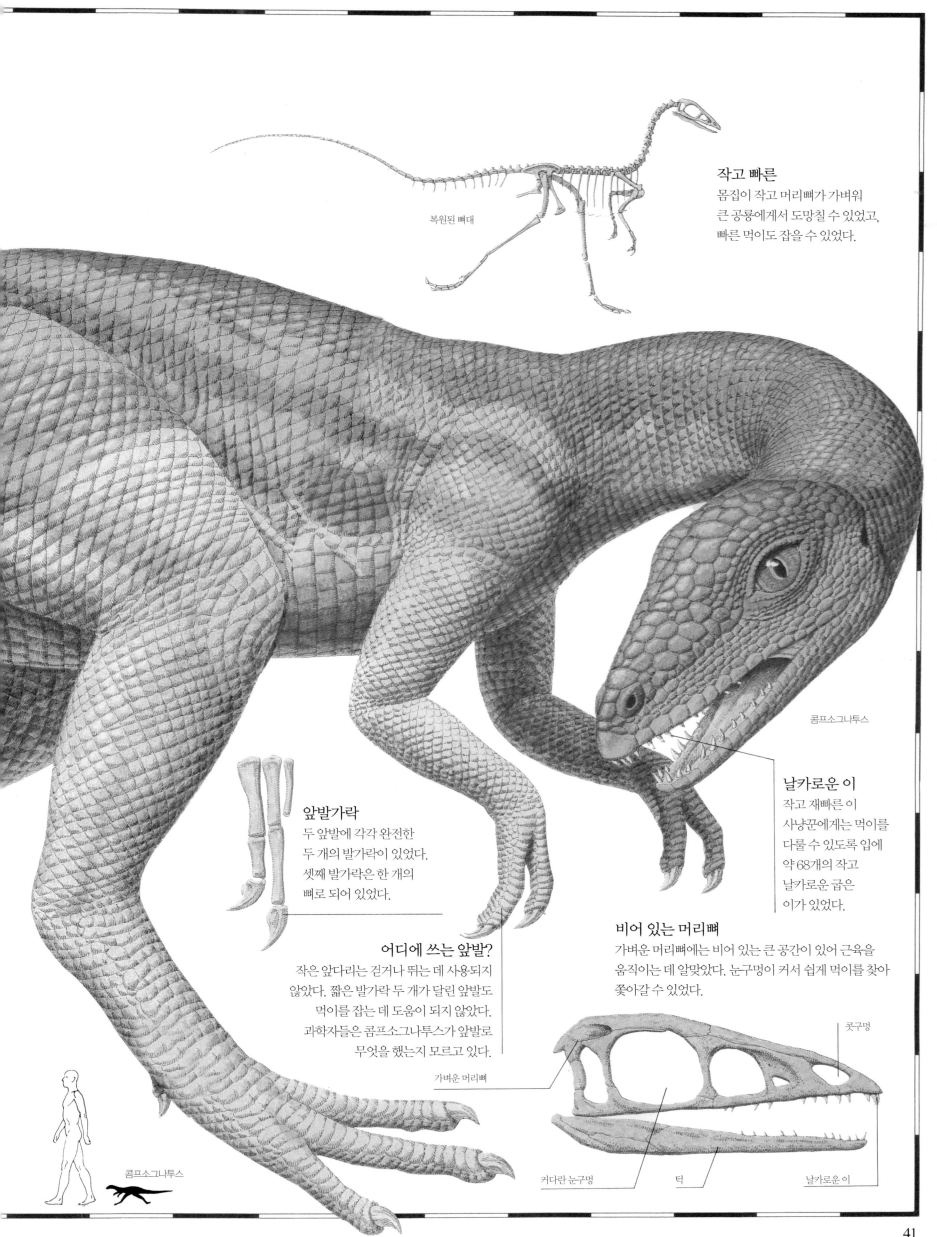

복원된 뼈대

작고 빠른
몸집이 작고 머리뼈가 가벼워
큰 공룡에게서 도망칠 수 있었고,
빠른 먹이도 잡을 수 있었다.

콤프소그나투스

날카로운 이
작고 재빠른 이
사냥꾼에게는 먹이를
다룰 수 있도록 입에
약 68개의 작고
날카로운 굽은
이가 있었다.

앞발가락
두 앞발에 각각 완전한
두 개의 발가락이 있었다.
셋째 발가락은 한 개의
뼈로 되어 있었다.

어디에 쓰는 앞발?
작은 앞다리는 걷거나 뛰는 데 사용되지
않았다. 짧은 발가락 두 개가 달린 앞발도
먹이를 잡는 데 도움이 되지 않았다.
과학자들은 콤프소그나투스가 앞발로
무엇을 했는지 모르고 있다.

비어 있는 머리뼈
가벼운 머리뼈에는 비어 있는 큰 공간이 있어 근육을
움직이는 데 알맞았다. 눈구멍이 커서 쉽게 먹이를 찾아
쫓아갈 수 있었다.

콧구멍

가벼운 머리뼈

커다란 눈구멍   턱   날카로운 이

콤프소그나투스

41

아시아의 공룡 *Asia*

공룡의 화석을 용의 것이라고 믿었던 중국에서는
전지역에서 화석이 발견되었다. 몽고 고비 사막에서는
1922년, 미국의 과학자들이 최초로 공룡의 화석을
발견한 뒤 프로토케라톱스와 그 알들, 사우롤로푸스
같은 오리부리 공룡, 티라노사우루스 같은 육식 공룡
등 세계에서 가장 많은 화석이 발견되었다. 지금은
황무지이지만, 당시의 고비 사막은 공룡들이 살기에
쾌적한 환경이었음을 알 수 있다. 공룡 시대에 인도는
아프리카와 남극 대륙 사이에서 커다란 섬의 형태로
북쪽으로 천천히 움직이다가 아시아와 충돌했다.
그래서 인도에는 독특한 종류의 공룡들이 많았다.
한국에서는 2008년 5월, 경기도 화성에서
프로토케라톱스의 조상으로 추정되는
공룡의 꼬리뼈 화석이 발견되었다.

뼈가 많은 공룡

중국 중부 남쪽 지방에서 발견된
투오지앙고사우루스는 뼈가 가장 많은 공룡이었다.
다른 검룡 아목 공룡처럼 골질 판이 두 줄로 등에
이어져 있고, 꼬리 끝에는 못처럼 생긴 두 쌍의
골질 돌기가 나 있었다.
1억 5,000만~1억 4,000만 년 전,
작고 약한 이로 부드러운 나무
뿌리와 양치 식물을 잘라
먹고 살았다.

알 도둑

이가 없고 큰 개만한 오비랍토르는 주
위의 동물들을 끝없이 위협했다.
튼튼한 턱과 위턱에 난 두 개의
날카로운 돌기로 다른
공룡들의 알을 빨아먹었다.
약 8,000만 년 전에 살았다.

타조처럼 빠른 공룡

크고 깃털 없는 타조처럼 생긴 갈리미무스는 시속
56km까지 낼 수 있었다. 이들은 초식 공룡이었지만,
곤충과 도마뱀을 잡아먹기도 했다.

티타노사우루스

움레르
인도

티루키라팔리
인도

드라비도사우루스

투오지앙고사우루스

오비랍토르

프시타코사우루스

갈리미무스

친타오사우루스

투오지앙고사우루스

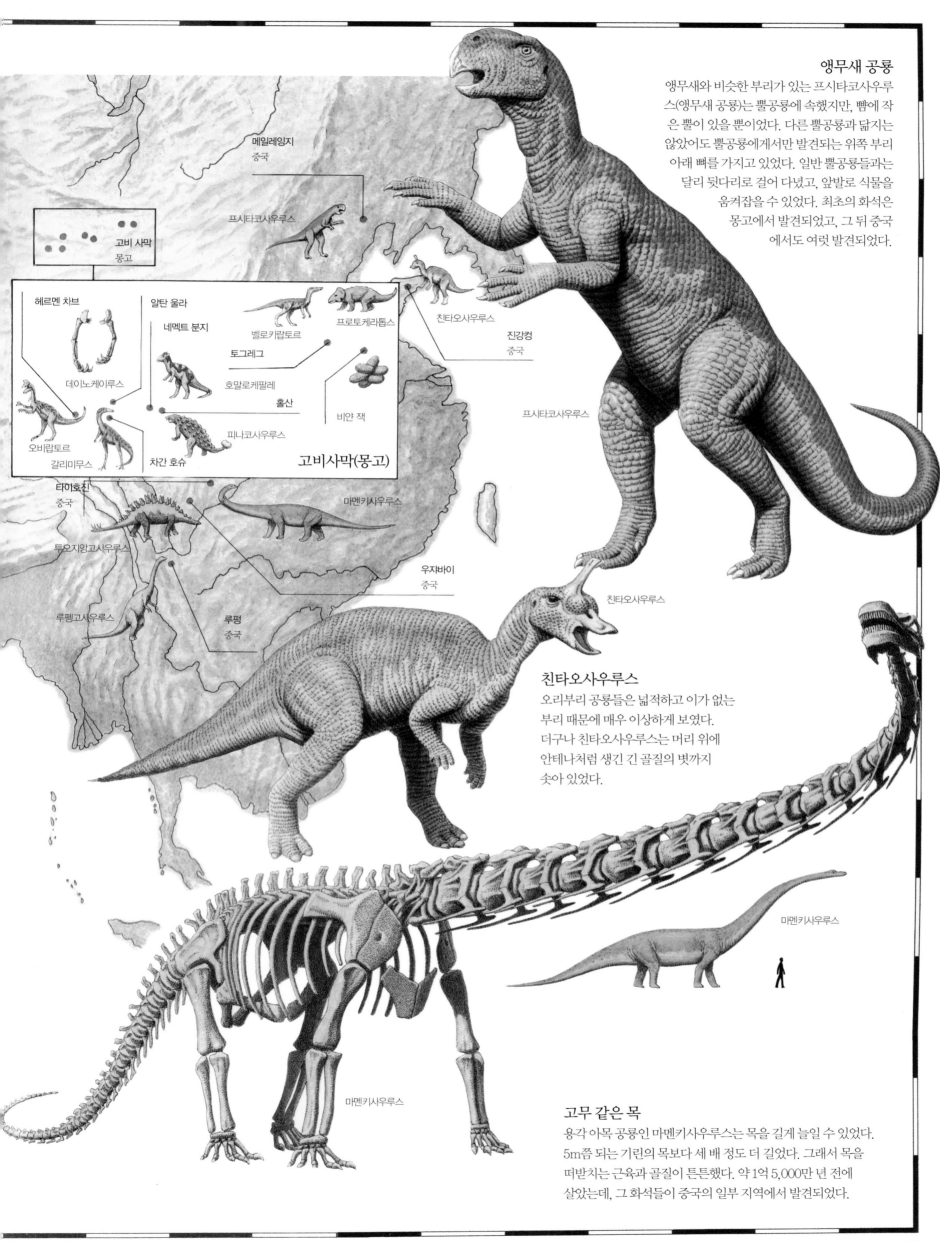

앵무새 공룡

앵무새와 비슷한 부리가 있는 프시타코사우루스(앵무새 공룡)는 뿔공룡에 속했지만, 뺨에 작은 뿔이 있을 뿐이었다. 다른 뿔공룡과 닮지는 않아도 뿔공룡에게서만 발견되는 위쪽 부리 아래 뼈를 가지고 있었다. 일반 뿔공룡들과는 달리 뒷다리로 걸어 다녔고, 앞발로 식물을 움켜잡을 수 있었다. 최초의 화석은 몽고에서 발견되었고, 그 뒤 중국에서도 여럿 발견되었다.

메일레잉지
중국

프시타코사우루스

고비 사막
몽고

헤르멘 차브

알탄 울라

네멕트 분지

벨로키랍토르

프로토케라톱스

친타오사우루스

진강컹
중국

데이노케이루스

토그레그

호말로케팔레

홀산

비얀 잭

오비랍토르

갈리미무스

차간 호슈

피나코사우루스

고비사막(몽고)

프시타코사우루스

타이호친
중국

마멘키사우루스

투오지앙고사우루스

친타오사우루스

루펑고사우루스

우자바이
중국

루펑
중국

친타오사우루스

오리부리 공룡들은 넓적하고 이가 없는 부리 때문에 매우 이상하게 보였다. 더구나 친타오사우루스는 머리 위에 안테나처럼 생긴 긴 골질의 볏까지 솟아 있었다.

마멘키사우루스

마멘키사우루스

고무 같은 목

용각 아목 공룡인 마멘키사우루스는 목을 길게 늘일 수 있었다. 5m쯤 되는 기린의 목보다 세 배 정도 더 길었다. 그래서 목을 떠받치는 근육과 골질이 튼튼했다. 약 1억 5,000만 년 전에 살았는데, 그 화석들이 중국의 일부 지역에서 발견되었다.

43

고비 사막의 네멕트 분지
Gobi Desert Nemegt Basin

고비 사막에서 공룡 화석 탐사가 1963년과 1971년 사이에 본격적으로 이루어졌다. 공룡의 뼈는 풍화 작용에 의해 일부가 떨어져 나간 사암이나 실트스톤에서 드러난 것도 있고, 땅 표면 가까운 곳에서 파낸 것도 있고, 모래를 쓸어 내면 될 정도의 것도 있었다. 이 사막의 네멕트 분지에서 채집된 뼈는 지금도 연구되고 있다. 2008년에는 한국이 주최가 되어 미국, 캐나다, 일본, 중국, 몽골, 호주 등 7개국 13명의 탐사대원들이 고비 사막에서 공룡화석 발굴에 나섰다.

가장 큰 뼈
공룡의 화석 중 지금까지 발견된 가장 큰 뼈는 용각 아목 공룡인 오피스토코일리카우디아의 것이다. 그러나 머리뼈와 목뼈가 발견되지 않았다. 대부분의 용각 아목 공룡들이 쥐라기 말에 살았기 때문에 백악기 후기에 살았던 이 공룡의 뼈 화석 발견은 매우 희귀하다.

균형 잡기
이 공룡은 먹이를 먹을 때 꼬리 척추뼈를 구부려서 균형을 잡았다.

오피스토코일리카우디아

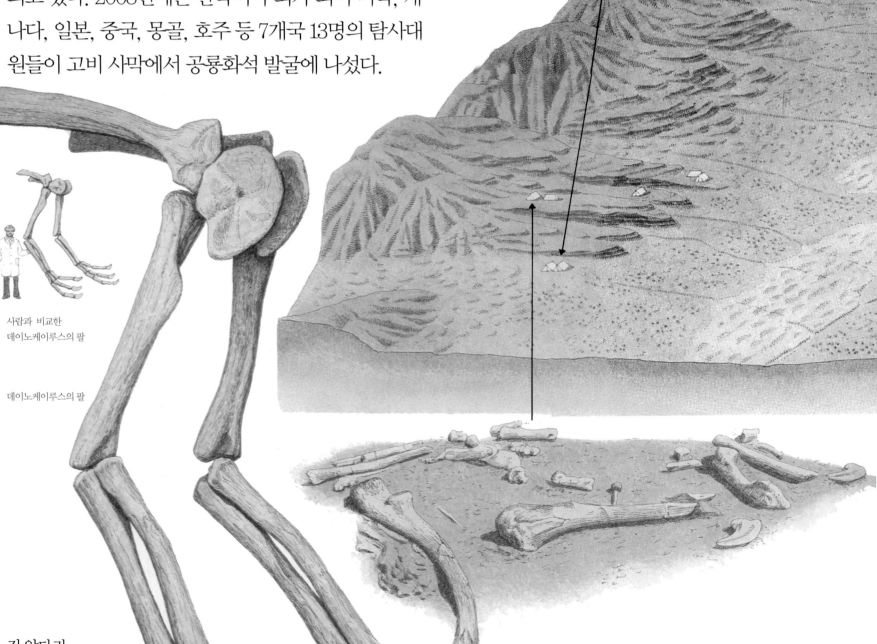

사람과 비교한
데이노케이루스의 팔

데이노케이루스의 팔

긴 앞다리
데이노케이루스는 2.4m나 되는 놀랄 만큼 긴 앞다리만 발견되었다. 이 공룡이 어떻게 생겼는지는 아무도 모른다. 크기가 티라노사우루스만 했을 거라고 짐작할 뿐이다.

뼛조각들
비가 오던 날, 몇 개의 뼈들이 언덕 꼭대기의 모래 속에서 모습을 드러냈다. 데이노케이루스의 어깨뼈, 팔뼈, 발톱, 갈비뼈, 척추뼈들이 가까이 놓여 있었다. 그러나 그 외의 뼈들은 없었다.

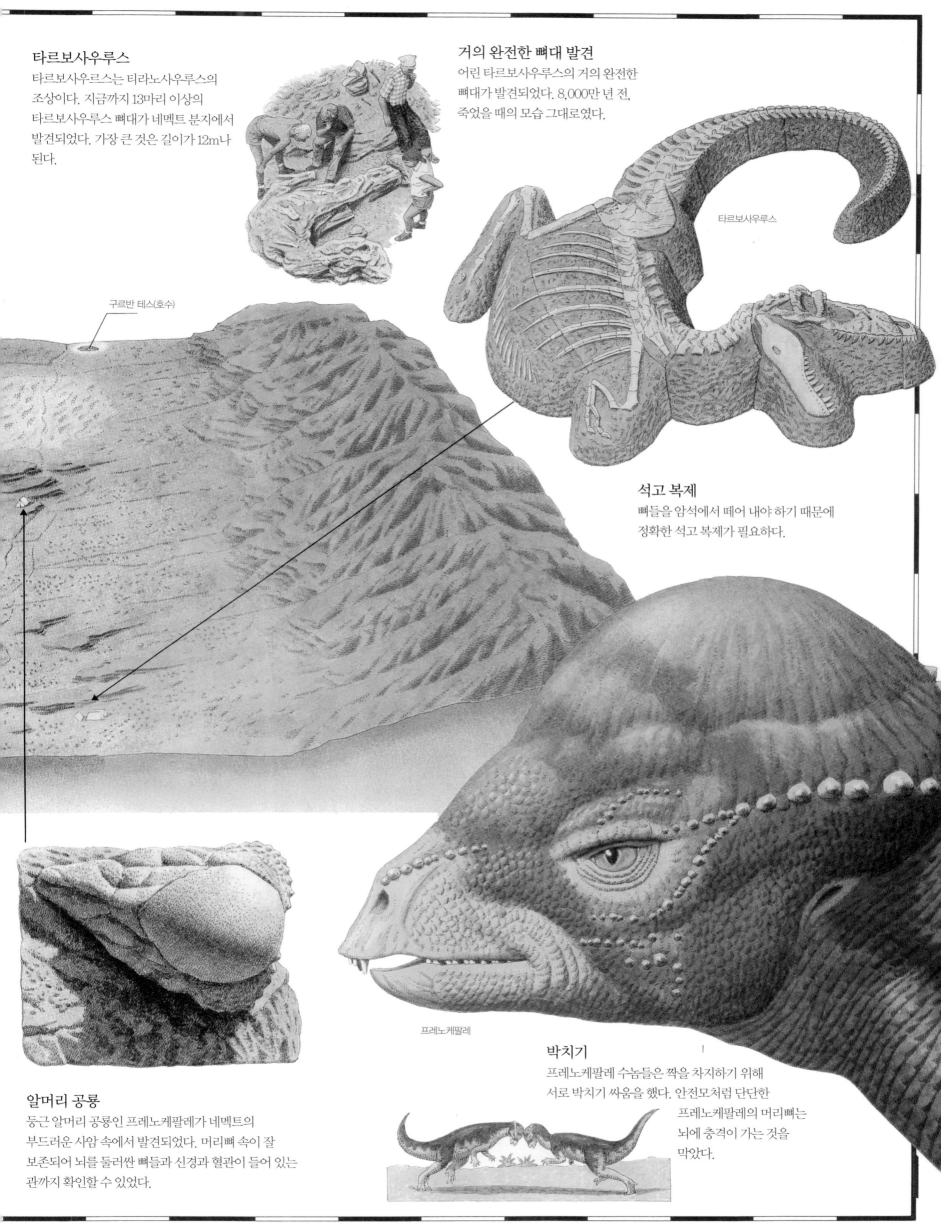

타르보사우루스

타르보사우루스는 티라노사우루스의 조상이다. 지금까지 13마리 이상의 타르보사우루스 뼈대가 네멕트 분지에서 발견되었다. 가장 큰 것은 길이가 12m나 된다.

거의 완전한 뼈대 발견

어린 타르보사우루스의 거의 완전한 뼈대가 발견되었다. 8,000만 년 전, 죽었을 때의 모습 그대로였다.

타르보사우루스

구르반 테스(호수)

석고 복제

뼈들을 암석에서 떼어 내야 하기 때문에 정확한 석고 복제가 필요하다.

알머리 공룡

둥근 알머리 공룡인 프레노케팔레가 네멕트의 부드러운 사암 속에서 발견되었다. 머리뼈 속이 잘 보존되어 뇌를 둘러싼 뼈들과 신경과 혈관이 들어 있는 관까지 확인할 수 있었다.

프레노케팔레

박치기

프레노케팔레 수놈들은 짝을 차지하기 위해 서로 박치기 싸움을 했다. 안전모처럼 단단한 프레노케팔레의 머리뼈는 뇌에 충격이 가는 것을 막았다.

오리부리 공룡 *Hadrosaurs*

공룡 시대 마지막까지 살았던 하드로사우루스의 별명은 오리부리이다. 넓적하고 이가 없는 부리로 나무의 잔가지와 잎을 뜯어먹었다. 친타오사우루스는 오리부리 외에도 머리뼈 위에 골질 돌기가 솟아 있고, 북아메리카의 어떤 하드로사우루스 공룡은 속이 빈 골질 볏이 있었다. 중국과 북아메리카에서 발견된 사우롤로푸스는 머리뼈 꼭대기에, 북아메리카의 에드몬토사우루스는 콧구멍 위에 부풀릴 수 있는 피부가 있었다. 이와 같은 골질의 볏과 풍선은 서로 소통하는 데 쓰였다. 부푸는 피부와 골질의 통로는 콧구멍과 이어져 있어 큰 소리를 낼 수 있었고, 친타오사우루스의 안테나 모양의 골질 돌기는 동료들에 대한 시각적인 신호였다. 오리부리 공룡들은 대부분 넓은 발을 가진 뒷다리로 걸어 다닌 초식 공룡이었다. 약 1억 년 전에 처음 나타나 당시 서로 연결되어 있었던 동아시아와 북아메리카 서부 지역에서 살았다.

산퉁고사우루스

가장 큰 오리부리 공룡

1964년과 1968년 사이에 중국 산둥 지방에서 발굴된 길이 15m의 샨퉁고사우루스는 몸집이 가장 큰 하드로사우루스 공룡이었다. 평평한 머리와 길고 튼튼한 뒷다리를 가지고 있었고, 세 개의 발굽 모양 발톱으로 체중을 받쳤다.

사우롤로푸스

소리를 내는 풍선

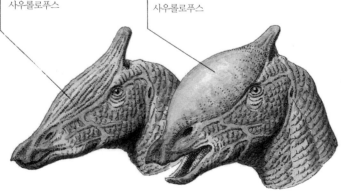

머리풍선을 납작하게 한 사우롤로푸스

머리풍선을 부풀린 사우롤로푸스

사우롤로푸스

사우롤로푸스는 약 7,500만 년 전~6,400만 년 전까지 아시아와 북아메리카에서 살았다. 아시아에서 살았던 사우롤로푸스가 북아메리카에서 살았던 것보다 더 긴 볏을 가졌다.

사우롤로푸스의 부리와 볏 사이의 머리뼈는 위아래쪽이 평평하다. 여기에 늘어진 피부가 오므라든 풍선처럼 붙어 있다. 그 피부를 부풀려 개구리처럼 큰 소리를 낼 수 있었다. 이 공룡들은 이렇게 소리를 내서 소통했다.

친타오사우루스

뿔이 하나 있는 공룡
하드로사우루스 공룡 가운데 중국의
친타오사우루스는 두 눈 사이에서 양쪽을
향해 뻗은 관 모양의 볏이 있었다.
이 볏은 부푼 피부를 지탱했다.

빨기와 갈기
오리부리 공룡들은 소처럼 식물을 갈고 부수기에 알맞은 턱을
가지고 있었다. 그러나 소처럼 턱을 좌우로 움직여 씹지 않고,
위턱의 좌우 양쪽이 바깥쪽에서 아래턱을 누르는 방식으로
먹이를 갈았다.

입으로 갈기
줄지어 겹쳐져 있는 치아가
나무의 가지와 열매를 갈아
죽처럼 만들었다.

백트로사우루스

백트로사우루스
최초의 하드로사우루스 공룡인
백트로사우루스는 약 9,500만 년 전에
살았다. 동아시아에서 발견된 이 공룡은
작은 오리부리를 가졌고, 길이가 6m밖에
되지 않았다. 머리에 볏은 없으나, 볏이
있는 오리부리 공룡과 비슷한
등뼈를 가졌다.

어린 백트로사우루스

공룡의 알, 둥지, 새끼 *Eggs, Nest & Baby*

1923년, 몽고 고비 사막의 사암 지대에서 50개 이상의 공룡 알화석과 수많은 프로토케라톱스의 뼈대가 발견되었다. 갓 부화한 새끼부터 어른 공룡까지 모든 크기의 화석이 섞여 있었다. 화석화된 모래 둥지에서는 깨지지 않은 알과 알껍데기 조각들이 발견되었다. 한 둥지에서 18개의 알이 발견되었는데, 그것이 완전한 둥지였다면 34개쯤 있었던 것 같다. 한 마리가 낳기에는 너무 많은 알이어서 암컷 몇 마리가 둥지를 함께 썼던 것으로 생각된다. 2008년에는 한국 경기도 화성에서 프로토케라톱스의 조상으로 추정되는 공룡의 꼬리뼈와 알 화석이 발견되었다.

오비랍토르

프로토케라톱스

프로토케라톱스

암컷
프로토케라톱스 암컷의 머리에는 뒤쪽에 낮은 프릴이 있고, 콧등에 작은 혹이 있었다.

힘센 머리 장식
20cm도 안 되는 갓 부화한 새끼 프로토케라톱스가 완전히 자라서 1.8m쯤 되면 골질의 머리 장식이 더 넓어지고 커진다. 이 장식에 붙어 있는 큰 근육이 턱에 충분한 힘을 주어 거친 나뭇잎과 식물 줄기를 물어 끊을 수 있게 했다.

오비랍토르

둥지와 알

공룡 알의 화석은 여러 지역에서
발견된다. 큰 것은 30㎝쯤 되며,
새 알보다 길쭉하고 표면이 거칠고
주름져 있다. 껍데기에는 알의 씨눈이
숨쉴 수 있도록 바깥 공기와
통하는 수많은 관이 있었다.
알들은 어미가 둥지 가운데서
몸을 돌리며 낳았기 때문에
둥지 둘레에 둥글게
놓여 있었다.

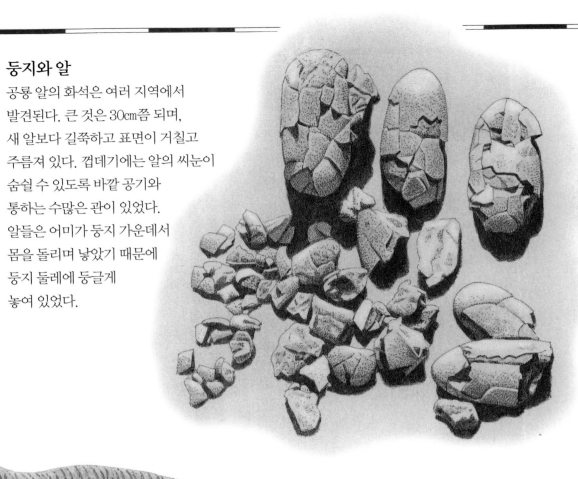

악어 둥지

악어는 공룡처럼 알을 낳는 파충류이다. 모래
속이나 썩은 식물로 둥지를 만들어 알을 낳고
둥지 가까이에 머문다. 어린 악어는 스스로
알을 깨기 쉽게 주둥이 위에 조그만 돌기를
가지고 있다. 새끼가 태어나면 어미는 모래를
치워 주고, 새끼들이 근처의 물까지 기어가는
동안 망을 본다.

도둑이야!
프로토케라톱스의 둥지에서 오비랍토르의 화석이
발견되었다. 튼튼한 부리 모양의 턱, 갈고리 같은
손톱이 난 손가락, 빨리 달릴 수 있는 다리들로
보아, 프로토케라톱스의 둥지에서 알을 훔쳐
먹었던 것 같다.

혼자 힘으로
혼자 힘으로 알을 낳은 뒤 프로토케라톱스 암컷들은
둥지를 떠났다. 알에서 나온 새끼들은 스스로 먹이를 구하고,
적들로부터 자신을 지켜 나갔다. 이와 달리 다른 공룡들은
새끼들이 더 자랄 때까지 돌보았다.

단단한 알
단단한 껍데기는 안에 있는 액체가 말라 버리는
것을 막았다. 이것은 공룡이 양서류처럼 알을
낳을 때 물로 돌아갈 필요가 없고, 평생 육지에서
살 수 있었다는 것을 뜻한다.

오비랍토르

느릿느릿 오래 산 공룡 *Slow But Successful*

1억 6,000만 년 전쯤에 나타난 검룡 아목 공룡들은 비록 느림보 초식 동물이었지만, 수백만 년 동안 살았다. 투오지앙고사우루스, 스테고사우루스, 켄트로사우루스는 모두 1억 5,000만 년 전~1억 4,000만 년 전에 살았다. 화석은 아프리카, 북아메리카, 중국, 유럽 등에서 발견되었다. 최초로 발견된 검룡 아목 공룡은 '지붕 덮인 파충류' 라는 뜻의 스테고사우루스였다. 골질의 평평한 판들이 등을 온통 덮어서 갑옷 지붕을 이룬 것처럼 생각되었기 때문이다. 그러나 지금은 그 판들이 똑바로 서서 체온을 조절했다고 알고 있다. 드라비도사루스는 다른 것들이 멸종된 뒤에도 오랫동안 인도에서 살았으며, 중국에서도 투오지앙고사우루스를 비롯해 여러 종류가 발견되었다.

홈이 있는 판
두 줄로 된 골질 판들이 목, 등, 그리고 꼬리까지 박혀 있다. 이 삼각형 판들은 똑바로 서서 피부를 보호한다. 판들의 뼈는 속이 빈 곳이 있으며, 표면은 홈으로 덮여 있다. 이러한 빈 공간과 홈은 피로 채워져서 체온을 조절했다.

어깨뼈

중앙난방
냉혈 동물인 파충류는 햇볕을 받아 체온을 높이거나, 더울 때는 체온을 낮춰야 한다. 투오지앙고사우루스의 등판들은 이상적인 태양열 판이었다. 판면이 해 쪽을 향하게 하여 판 속을 흐르는 피가 열을 받아 몸의 다른 부분으로 퍼지게 했다. 또 이 판들은 바람이 부는 곳이나 그늘에서는 열을 밖으로 내보내 체온을 낮췄다.

지그재그 모양
엇갈리게 배열된 등판들이 체온을 높이거나 낮췄다.

투오지앙고사우루스

자기 방어
이 등판들은 너무 약해서 적에게 대항해서 사용할 수는 없었다. 대신 길고 뾰족한 꼬리 돌기를 사용했다.

위팔뼈

돌을 소화에 처음으로 사용
치아로 식물을 으깰 수 없어 위석 (위 속의 돌)을 사용해 소화시켰다.

투오지앙고사우루스

바깥아래팔뼈

자뼈

손

필요한 뇌의 크기
투오지앙고사우루스 같은 등판 공룡들의 뇌는 매우 작았다. 스테고사우루스는 몸 크기를 비교했을 때 공룡 중에서 가장 작은 뇌를 가졌다. 그러나 등판 공룡의 뇌는 그들이 살아가는 데 지장이 없을 만큼은 충분히 컸다.

튼튼한 발가락뼈
이 공룡은 네 발로 걸어 다녔다. 앞발과 두툼하고 튼튼한 앞다리뼈는 무거운 체중을 받치고 다니기에 알맞았다. 그리고 다섯 개의 짧고 넓은 발가락이 체중을 분산시켰다.

돌기와 등판

길이 7.5m, 무게 2톤의 스테고사우루스는 지금까지 알려진
가장 큰 등판 공룡이다. 화석은 북아메리카에서 발견되었는데,
가장 큰 등판의 크기는 75㎝나 되었다. 투오지앙고사우루스처럼
꼬리 위에 있는 두 쌍의 뾰족하고 큰 돌기를 휘둘러
공격자들을 물리쳤다.

스테고사우루스

장골(상골반)

척추뼈

켄트로사우루스

켄트로사우루스

투오지앙고사우루스 크기의 반도 안 되는
켄트로사우루스는 탄자니아의 텐다구루에서만
발견되었다. 등판은 다른 두 검룡 아목 공룡들의
것보다 훨씬 뾰족하고, 뒷다리 위쪽에도 뾰족한
돌기가 한 쌍 있었다.

켄트로사우루스

무릎 관절

스테고사우루스   투오지앙고사우루스

돌기를 조심하라!

투오지앙고사우루스의 꼬리에는 튼튼한 근육이
있었다. 네 개의 뾰족한 돌기를 이용해 거대한
육식 동물의 공격으로부터 자신을 방어했다.

좌골(하골반)

종아리뼈

치골(하골반)

정강이뼈

뒷다리가 긴

긴 뒷다리를 가진 검룡 아목 공룡은 조반목에
속한다. 하지만 조반목 공룡이 대부분 긴 뒷다리로
똑바로 서서 걸어 다녔던 데 반해, 이들은 엉덩이를
치켜올리고 네 다리로 걸어 다녔다.

발

꼬리 돌기

51

오스트레일리아의 공룡 *Australia*

공룡들이 처음 나타났을 때, 오스트레일리아는 육지로 둘러싸여 있었다. 그러나 한창 번창해 가고 있을 때 대륙들이 서로 떨어지기 시작했다. 로에토사우루스 같은 거대한 용각 아목 공룡들은 퀸즐랜드 중부에서 살았고, 알로사우루스 같은 육식 공룡들은 현재의 빅토리아에서 살았다. 민미처럼 느리고 둔한 갑옷 공룡들과 날렵한 리엘리노사우라는 우거진 초목지 여기저기에서 먹이를 먹으며 다녔다.

수많은 발자국

퀸즐랜드의 윈턴 근처에서 130마리의 공룡들이 하나의 암석 위에 3,300개 이상의 발자국을 남겼다. 오스트레일리아에는 지금까지 발견된 것보다 더 많은 공룡들이 있었음을 알 수 있다.

리엘리노사우라   민미

로에토사우루스

무타부라 부근
퀸즐랜드

발자국

윈턴
퀸즐랜드

무타부라사우루스

로에토사우루스

민미

로마 부근
퀸즐랜드

공룡 굴
멜버른, 빅토리아

알로사우루스

리엘리나사우라

아틀라스콥코사우루스의 턱

인버록
멜버른, 빅토리아

빨리 달리는 공룡

남부 빅토리아에서 발견된 리엘리노사우라는 눈이 크고 빨리 달렸다. 길이 2m의 육식 공룡으로 약 1억 500만 년 전에 살았다.

로에토사우루스

리엘리노사우라

초기의 괴물

약 1억 7,000만 년 전에 살았던 최초의 용각 아목 공룡 로에토사우루스가 1924년, 퀸즐랜드에서 발견되었다. 길이 약 17m의 이 공룡은 키가 성인 남자보다 세 배나 컸다.

아틀라스콥코사우루스의 턱

아틀라스콥코사우루스

오스트레일리아 남부에서 발견되었으며, 발굴에 사용한 기구를 만든 사람의 이름을 따서 붙였다. 약 1억 500만 년 전에 살았고, 턱뼈에 붙은 치아를 보면 초식 공룡이었던 것 같다. 지금까지 한 조각의 턱뼈만 발견되었다.

민미

최초의 갑옷 공룡
1964년에 발견된 민미(발견된 곳의 이름을 따름)는 오스트레일리아에서 발견된 최초의 갑옷 공룡이다. 길이가 2m밖에 되지 않으며, 등뿐만 아니라 배에도 골질의 판들이 붙어 있다.

이상한 코
오스트레일리아에서 발견된 가장 완전한 모습의 공룡은 무타부라사우루스이다. 이구아노돈과 같은 종류이며, 길이가 약 7m이다. 입 앞쪽에 부리가 있고, 이상하게 솟은 코를 가졌다.

무타부라사우루스

오직 한 개
뉴질랜드에서는 한 개의 공룡 뼈만이 발견되었다. 하지만 앞으로 많은 공룡의 화석이 발견될 것이다.

수각 아목 공룡의 척추뼈

무타부라사우루스

망가호안가
헉스 만, 뉴질랜드

유일한 실마리
이 꼬리뼈를 보면, 망가호안가에서 발견된 공룡이 수각 아목의 육식 공룡이었음을 알 수 있다.

남극 대륙의 공룡 *Antarctica*

남극 대륙은 전 세계에서 공룡 발굴이 가장 힘든 곳이다. 지금까지 겨우 두 마리의 공룡만 발견되었지만, 많은 공룡들이 얼음과 눈 아래에 숨겨져 있을 것이다.

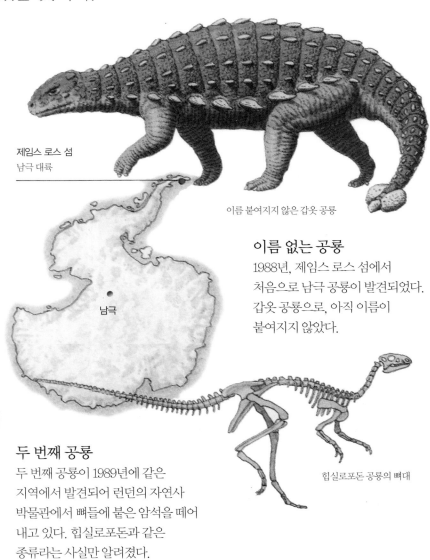

제임스 로스 섬
남극 대륙

이름 붙여지지 않은 갑옷 공룡

남극

이름 없는 공룡
1988년, 제임스 로스 섬에서 처음으로 남극 공룡이 발견되었다. 갑옷 공룡으로, 아직 이름이 붙여지지 않았다.

힙실로포돈 공룡의 뼈대

두 번째 공룡
두 번째 공룡이 1989년에 같은 지역에서 발견되어 런던의 자연사 박물관에서 뼈들에 붙은 암석을 떼어 내고 있다. 힙실로포돈과 같은 종류라는 사실만 알려졌다.

오스트레일리아와 남극 대륙
남극 대륙에서 발견된 두 공룡은 오스트레일리아에서 발견된 공룡들과 비슷하다. 두 대륙이 원래 하나였다가 약 4,000만 년 전에 나누어졌기 때문이다.

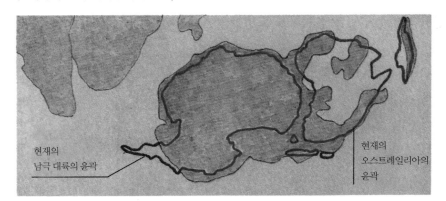

현재의 남극 대륙의 윤곽

현재의 오스트레일리아의 윤곽

아프리카의 공룡 *Africa*

남부 아프리카의 트라이아스기 암석에서
인류가 나타나기 2억 년 이상 전부터 살았던
원시 용각 아목 공룡 마소스폰딜루스와 안키사우루스의
화석들이 발견되었다. 북부 아프리카에서는 스피노사우루스가
백악기의 암석과 공룡 시대 말에 이루어진 사하라 사막의
모래 속에서 발견되었다. 그리고 북부와 남동부에서 케티오사
우루스, 카마라사우루스, 브라키오사우루스 같은 초식
공룡들의 뼈대들이
발견되었다.

케티오사우루스

와움다
모로코

스피노사우루스

타오즈
모로코

가도파와
니제르

오우라노사우루스

카마라사우루스

인갈
니제르

스피노사우루스

냉난방 장치
약 1억 년 전에 살았던 북부 아프리카의 스피노사우루스는
몸집이 큰 육식 공룡이었다. 다른 육식 공룡들과는 달리
등을 따라 뻗은 한 줄의 거대한 등뼈를 가지고 있었다.
이 커다란 돛으로 태양열을 받아들이거나 내보내 체온을
조절했다.

스피노사우루스

개스트롤리스

돌로 소화
길이 4m의 원시 용각 아목 공룡인 마소스폰딜루스는
잘 발달된 턱도 없고, 식물을 으깰 수 있는 치아도 없었다.
그 대신 개스트롤리스라는 돌을 삼켜 위 속에서 이 돌로
식물의 단단한 부분을 부스러뜨렸다. 이러한 돌을
'위석' 이라고 한다.

안키사우루스

안키사우루스
작은 머리와 긴 목을 가진 또 다른
원시 용각 아목 공룡 안키사우루스는
약 1억 9,500만 년 전에 살았다.
크기가 마소스폰딜루스의 반
정도였으며, 톱니 모양의 치아로
단단한 나뭇가지나 나뭇잎을
뜯어 먹었다.

안키사우루스의 머리뼈

헤테로돈토사우루스

마소스폰딜루스

레스토사우루스

안키사우루스

마소스폰딜루스

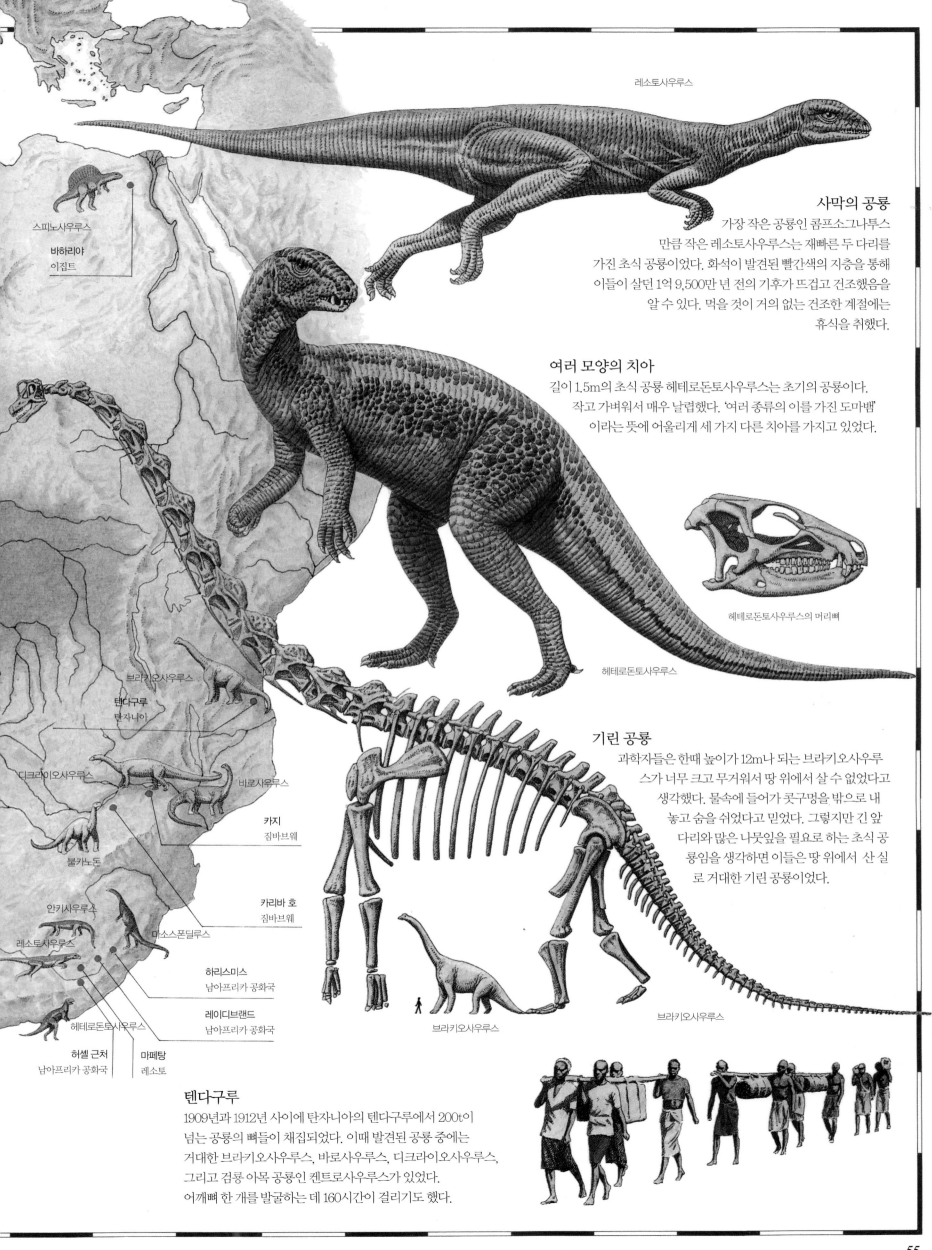

레소토사우루스

스피노사우루스

바하리야
이집트

브라키오사우루스

텐다구루
탄자니아

디크라이오사우루스

바로사우루스

불카노돈

카지
짐바브웨

카리바 호
짐바브웨

안키사우루스

마소스폰딜루스

레소토사우루스

하리스미스
남아프리카 공화국

레이디브랜드
남아프리카 공화국

헤테로돈토사우루스

허셜 근처
남아프리카 공화국

마페탕
레소토

사막의 공룡

가장 작은 공룡인 콤프소그나투스
만큼 작은 레소토사우루스는 재빠른 두 다리를
가진 초식 공룡이었다. 화석이 발견된 빨간색의 지층을 통해
이들이 살던 1억 9,500만 년 전의 기후가 뜨겁고 건조했음을
알 수 있다. 먹을 것이 거의 없는 건조한 계절에는
휴식을 취했다.

여러 모양의 치아

길이 1.5m의 초식 공룡 헤테로돈토사우루스는 초기의 공룡이다.
작고 가벼워서 매우 날렵했다. '여러 종류의 이를 가진 도마뱀'
이라는 뜻에 어울리게 세 가지 다른 치아를 가지고 있었다.

헤테로돈토사우루스의 머리뼈

헤테로돈토사우루스

기린 공룡

과학자들은 한때 높이가 12m나 되는 브라키오사우루
스가 너무 크고 무거워서 땅 위에서 살 수 없었다고
생각했다. 물속에 들어가 콧구멍을 밖으로 내
놓고 숨을 쉬었다고 믿었다. 그렇지만 긴 앞
다리와 많은 나뭇잎을 필요로 하는 초식 공
룡임을 생각하면 이들은 땅 위에서 산 실
로 거대한 기린 공룡이었다.

브라키오사우루스

브라키오사우루스

텐다구루

1909년과 1912년 사이에 탄자니아의 텐다구루에서 200t이
넘는 공룡의 뼈들이 채집되었다. 이때 발견된 공룡 중에는
거대한 브라키오사우루스, 바로사우루스, 디크라이오사우루스,
그리고 검룡 아목 공룡인 켄트로사우루스가 있었다.
어깨뼈 한 개를 발굴하는 데 160시간이 걸리기도 했다.

바다의 제왕 어룡
Reptiles of the Seas

어룡(물고기 같은 도마뱀)인 이크티오사우루스, 목이 긴 플레시오사우루스와 목이 짧은 플리오사우루스, 바다거북 같은 파충류 등이 바다에서 살았다. 모두 공룡과 익룡처럼 허파로 호흡했다. 수면으로 올라가 숨을 쉰 뒤 물속으로 곤두박질쳐 물고기 등을 사냥했다. 플레시오사우루스와 플리오사우루스는 오늘날의 바다거북처럼 바닷가로 올라가 모래밭에 구덩이를 파고 알을 낳았다. 이크티오사우루스는 알을 낳지 않고 바다에서 새끼를 낳았다. 화석화된 이크티오사우루스의 뼈 속에서 어린 새끼들의 뼈가 함께 발견되었다. 플리오사우루스와 플레시오사우루스는 다른 육상 공룡들과 함께 멸종되었지만, 이크티오사우루스는 그보다 훨씬 전에 사라졌다. 일부 거북들은 육지로 올라온 반면, 바다거북들은 지금도 물속에서 산다.

네시?
엘라스모사우루스처럼 목이 긴 플레시오사우루스의 모습은 스코틀랜드 네스 호수의 괴물, 네시에 대한 묘사와 딱 들어맞는다.

목이 짧은 괴물
목이 짧은 플리오사우루스인 펠로네우스테스는 길이가 3m밖에 되지 않았다. 화석들은 서부 유럽에서 발견되었으며, 다른 플리오사우루스처럼 먹이를 숨어서 기다리다가 재빨리 사냥했다. 좋아하는 먹이는 암모나이트(달팽이를 닮은 바다의 연체동물)였다. 날카로운 치아에서 조개껍데기 화석이 발견되었다.

돌고래를 닮은
매끄러운 유선형 몸통을 가진 이크티오사우루스는 공룡이 나타나기 전, 지금으로부터 약 2억 2,000만 년 전에 처음으로 나타나 공룡들이 살아 있는 동안 멸종되었다. 이들은 돌고래처럼 파도를 가르며 노 같은 지느러미 다리로 재빠르게 헤엄쳐 오징어 등을 사냥했다.

이크티오사우루스

쇼니사우루스

엘라스모사우루스

아켈론

긴 목, 작은 머리
플레시오사우루스와 플리오사우루스는 매우 가까운 사이였지만, 플레시오사우루스가 목이 더 길고 머리도 더 작았다. 몸길이 13m의 반 이상이 목이었던 엘라스모사우루스는 수면 가까이에 있는 물고기를 날카로운 이로 잡아먹었다.

엘라스모사우루스

아켈론

오랫동안 산 바다거북
바다거북은 약 2억 1,000만 년 전에 처음 나타났다. 길이가 거의 4m나 되는 커다란 바다거북 아켈론은 공룡 시대 말 무렵에 살았다. 갈고리 같은 부리로 조개를 잡아먹었다.

펠로네우스테스

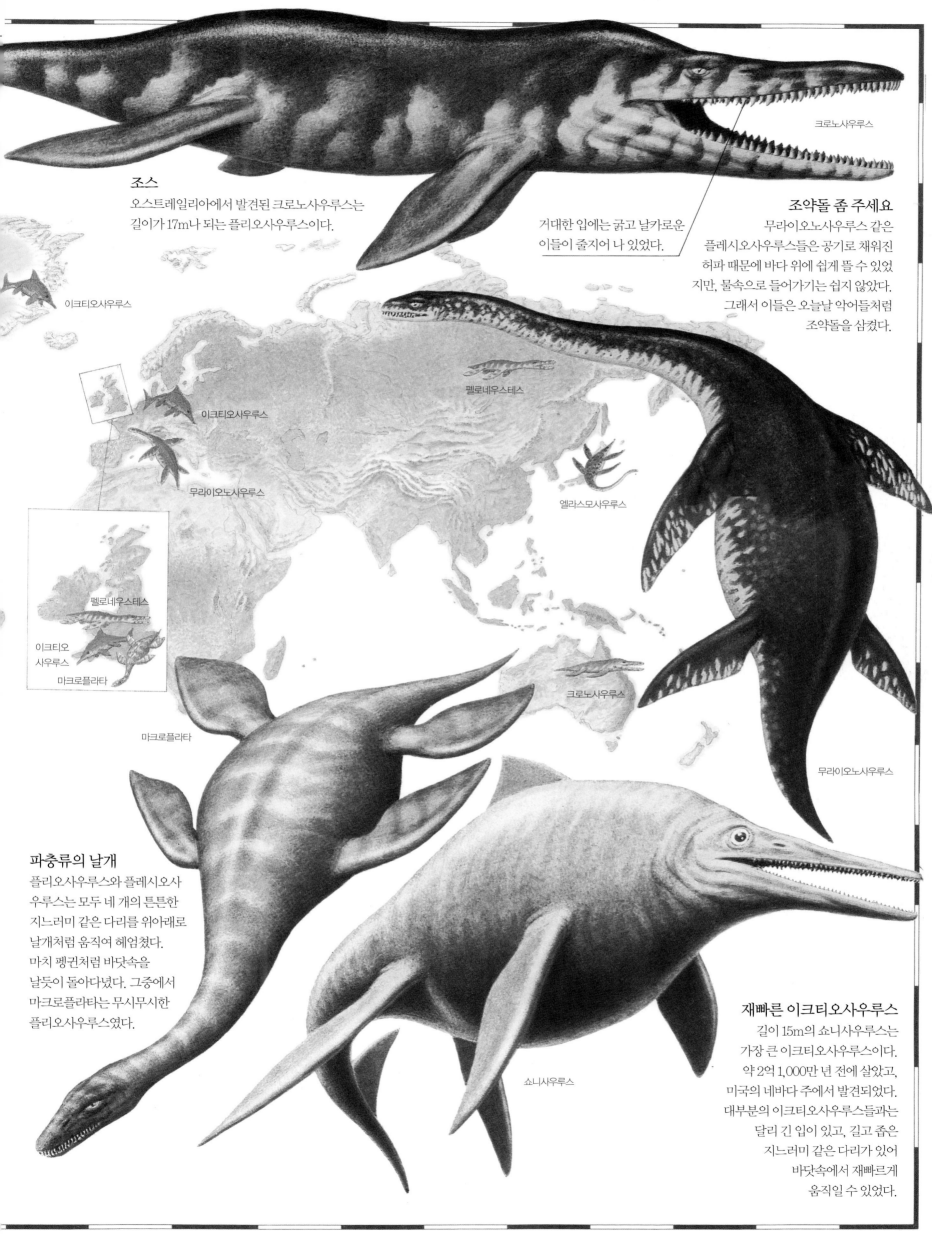

크로노사우루스

조스
오스트레일리아에서 발견된 크로노사우루스는
길이가 17m나 되는 플리오사우루스이다.

거대한 입에는 굵고 날카로운
이들이 줄지어 나 있었다.

조약돌 좀 주세요
무라이오노사우루스 같은
플레시오사우루스들은 공기로 채워진
허파 때문에 바다 위에 쉽게 뜰 수 있었
지만, 물속으로 들어가기는 쉽지 않았다.
그래서 이들은 오늘날 악어들처럼
조약돌을 삼켰다.

이크티오사우루스

이크티오사우루스

펠로네우스테스

무라이오노사우루스

엘라스모사우루스

펠로네우스테스

이크티오
사우루스

마크로플라타

크로노사우루스

마크로플라타

무라이오노사우루스

파충류의 날개
플리오사우루스와 플레시오사
우루스는 모두 네 개의 튼튼한
지느러미 같은 다리를 위아래로
날개처럼 움직여 헤엄쳤다.
마치 펭귄처럼 바닷속을
날듯이 돌아다녔다. 그중에서
마크로플라타는 무시무시한
플리오사우루스였다.

쇼니사우루스

재빠른 이크티오사우루스
길이 15m의 쇼니사우루스는
가장 큰 이크티오사우루스이다.
약 2억 1,000만 년 전에 살았고,
미국의 네바다 주에서 발견되었다.
대부분의 이크티오사우루스들과는
달리 긴 입이 있고, 길고 좁은
지느러미 같은 다리가 있어
바닷속에서 재빠르게
움직일 수 있었다.

57

하늘의 제왕 익룡 *Reptiles in the Air*

1784년, 독일 남부에서 처음으로 익룡(날개 달린 도마뱀)의 화석이 발견되었다. 당시에는 수중 동물이라 생각하다가 100년 뒤에야 비로소 날아다니는 파충류라는 사실을 알았다.

익룡은 공룡은 아니었지만, 공룡들과 같은 시대에 산 파충류였다. 새들이 나타날 때까지 하늘을 지배했으며, 몸통에서부터 넷째손가락 끝까지 피부가 변해서 된 날개로 날았다. 이 넷째 손가락을 날개손가락이라 한다. 뼈들은 매우 섬세했고, 빈 공간이 많아 가벼웠다. 뇌가 커서 근육들의 움직임을 조절할 수 있었고, 시야가 좋았다. 익룡은 더 오래 된 람포링쿠스와 긴 목과 긴 머리를 가진 프테로닥틸루스로 나뉜다.

방향을 잡는 키

최초의 익룡 가운데 하나인 유디모르포돈은 전형적인 람포링쿠스이다. 머리뼈와 뒷다리는 초기 공룡의 것과 비슷하며, 짧은 목과 긴 꼬리를 가졌다. 특별한 뼈로 강화된 꼬리는 날 때 방향을 잡는 키처럼 사용되었다.

유디모르포돈

프테라노돈

케찰코아틀루스

케아라닥틸루스

프테라노돈

케아라닥틸루스

날아다니는 어부

프테라노돈은 바다 위를 날며 치아가 없는 긴 부리로 물고기를 잡아먹었다. 두 날개를 활짝 펴면 그 길이가 5m 이상 되었다. 날 때는 머리 길이의 반을 차지하는 골질의 볏이 몸의 방향과 균형을 잡았다.

바다를 빗질하다

브라질의 백악기 암석에서 발견된 케아라닥틸루스는 몸집이 큰 람포링쿠스였다. 펼친 날개의 전체 길이가 4m 가까이 되었다. 길고 굽은 치아들이 턱 사이에서 서로 엇갈리게 나 있어 바다를 빗질하듯 다니며 물고기를 잡았다.

꼬리가 없는

참새만한 날개손가락을 가진 프테로닥틸루스는
다른 익룡들처럼 꼬리가 없고, 목이 길고 부드러웠다.
어떤 익룡은 땅 위에서는 날개를 접고 두 발로 걸었고,
다른 익룡들은 네 손발을 모두 썼다.

프테로닥틸루스

가장 크고 무거운

가장 큰 익룡인 케찰코아틀루스는
두 날개를 활짝 편 길이가 12m나
되었다. 체중은 86kg쯤 되었다.

프테로닥틸루스

프테라노돈

람포링쿠스

프테로닥틸루스

프테로닥틸루스

유디모르포돈

소르데스

프테로닥틸루스

람포링쿠스

케찰코아틀루스

람포링쿠스

소르데스

이 없는 부리

약 1억 4,500만 년 전에 살았던 람포링쿠스의 많은
표본들이 프테로닥틸루스와 같은 시대의 암석(독일 남부)에서
발견되었다. 이들은 유디모르포돈과 모습이 비슷하지만,
가느다란 머리뼈에는 앞으로 향한 뾰족한 이들이
나 있고, 그 끝에는 이가 없는 부리가 있었다.

모피 코트

파충류는 대부분 몸이 비늘로 덮여 있다.
그런데 소르데스라는 한 익룡은 두터운 모피
코트로 덮여 있었다. 이 모피 코트는 하늘을 빨리
날아다닐 때 몸을 따뜻하게 해 주었다.

공룡의 멸종 *Marching to Extinction*

약 6,400만 년 전, 공룡은 멸종되었다. 공룡뿐만 아니라 많은 바다 파충류들도 사라져 버렸다. 암모나이트 같은 생물도 멸종되었고, 날아다니는 익룡도 같은 운명을 당했다. 그러나 이와 반대로 바다거북, 민물 악어, 개구리, 새, 포유류 같은 동물들은 당시의 재난에서 살아남았는데, 이러한 사실이 대량 멸종의 이유를 더 난해하게 한다. 공룡의 멸종은 지구 생태계의 엄청난 변화였다.

연대는 각 공룡들의 멸종 시기를 대략적으로 나타낸다. 바리오니쿠스 같은 공룡들의 멸종 시기는 추측에 의한 것이다. 화석화된 뼈가 오직 한 개만 발견되었기 때문이다.

플라테오사우루스
1억 9,500만 년 전

코엘로피시스
2억 년 전

마소스폰딜루스
1억 9,800만 년 전

레소토사우루스
1억 9,000만 년 전

헤테로돈토사우루스
1억 8,000만 년 전

안키사우루스
1억 8,500만 년 전

트라이아스기 2억 2,500만~1억 9,300만 년 전

투오지앙고사우루스
1억 4,000만 년 전

디플로도쿠스
1억 3,800만 년 전

메갈로도쿠스
1억 3,500만 년 전

아파토사우루스
1억 3,800만 년 전

케라토사우루스
1억 3,500만 년 전

알로사우루스
1억 3,500만 년 전

스테고사우루스
1억 4,000만 년 전

바리오니쿠스
1억 2,000만 년 전

콤프소그나투스
1억 4,000만 년 전

쥐라기 1억 9,300만~1억 3,600만 년 전

디플로도쿠스
1억 3,800만 년 전

카마라사우루스
1억 3,500만 년 전

이구아노돈
1억 1,000만 년 전

트리케라톱스
6,400만 년 전

오비랍토르
7,000만 년 전

브라키오사우루스
1억 2,800만 년 전

데이노니쿠스
1억 년 전

바리오니쿠스
1억 2,000만 년 전

힙실로포돈
1억 1,000만 년 전

시조새
1억 2,000만 년 전

프로토케라톱스
7,500만 년 전

살타사우루스
6,400만 년 전

안킬로사우루스
6,400만 년 전

티라노사우루스
6,400만 년 전

파키케팔로사우루스
6,400만 년 전

파라사우롤로푸스
6,400만 년 전

갈리미무스
6,400만 년 전

드라비도사우루스
6,400만 년 전

1억 3,600만~6,400만 년 전

풀리지 않는 수수께끼

1억 5,000만 년 동안이나 번성했던 공룡들의 멸종
이유는 무엇일까? 어떤 동물들은 공룡들과 함께
사라졌는데, 왜 다른 동물들은 살아남았는가?
고생물학자들은 언제부터 공룡들이 사라졌는지에
대해서도 확실히 알지 못한다. 다만, 아주 갑자기
사라졌다고만 알고 있다. 어느 누구도 완벽한 해답을
찾지 못했다.

우주에서 떨어진 운석들

6,400만 년 전, 지름 10~15㎞ 정도의 운석들이 떨어져
지름 150㎞나 되는 구덩이를 만들었다. 이러한 충돌의
충격으로 지구는 거대한 먼지와 수증기 구름에 덮여
몇 달에서 몇 년 동안 햇빛이 차단되었을 것이다.
폭발과 그 결과로 생긴 기상의 변화 때문에 수많은 동물들이
죽었을 것이고, 공룡들은 이러한 급격한 변화에 특히 약했을
것이다. 그러나 어떤 동물들은 이러한 위기에서 살아남을
수 있었다.

환경의 변화

공룡들의 멸종은 아주 갑작스러운 일이 아니었을지도 모른다.
지구는 대륙들의 움직임 때문에 끊임없이 변했고, 기후가
달라졌다. 몇몇 바다의 판은 대륙으로 밀고 들어갔고, 모든
바다의 수위가 높아졌다. 기온이 높은 열대성 기후가 서늘한
기후로 바뀌었다. 열대성 식물과 강우량이 많은 환경에서
이루어진 열대성 삼림이 현재에 가까운 삼림으로 바뀌었다.
느리지만 이러한 변화는 공룡들이 더 이상 견딜 수 없는
상태에까지 이르렀다.

한국의 공룡

우리나라에서 공룡이 알려지기 시작한 것은 1970년대 초다. 경남 하동군 해안에서 알껍데기 화석이 발견된 뒤 영남 지역 여기저기서 뼈 화석이 발견되었다. 그러나 이제까지 발견된 뼈 화석은 너무나 단편적이어서 어떤 종류의 공룡인지 밝히기 어려웠다.

1981년, 경남 고성군 하이면 덕명리 해안에서 발자국이 발견되면서 우리나라에서도 공룡 연구에 본격적인 관심을 갖게 되었다. 이 화석은 양이나 종류에 있어서 전 세계적으로도 손꼽을 만한 것이다. 그 뒤 발자국 화석은 경상남북도 일대의 여러 곳에서 계속 발견되어 현재 10여 곳이 알려졌다. 발자국 화석을 통해 공룡들이 어떠한 행동을 하였고, 식성이나 사회 활동이 어떠했는지 엿볼 수 있다. 이외에도 이빨 화석, 발톱, 배설물 화석 등이 발견되었다. 특히 이빨 화석은 동물의 종류 판단에 중요한데, 이 화석에 대한 연구를 통해 카마라사우루스(Camarasaurus)라는 속(생물 분류의 한 단계)의 공룡이 한반도에서 살았음을 알 수 있게 되었다.

2008년에는 경기도 화성에서 프로토케라톱스의 조상으로 추정되는 공룡의 꼬리뼈와 알 화석이 발견되어 세계 학계가 주목하고 있다. 그리고 같은 해에 우리나라가 주최가 되어 미국, 캐나다, 일본, 중국, 몽골, 호주 등 7개국 13명의 탐사 대원들이 고비 사막에서 공룡 화석 발굴에 나서기도 했다.

양승영/경북대학교 사범대학 지구과학과 교수

글 / 윌리엄 린제이
영국 글래스고 대학 지질학과를 졸업하고, 런던 자연사 박물관에서 12년간 고생물학자로 근무했다. 세계적인 공룡 전문가이다.

그림 / 줄리아노 포르나리
이탈리아 출생의 세계적인 삽화가. 피렌체 대학에서 건축학을 전공했으며, 지금은 주로 유럽을 무대로 그림책의 삽화를 그리고 있다. 세계에서 손꼽히는 공룡 삽화가이다.

번역 / 이동훈
서강대학교 물리학과를 졸업하고, 미국 브라운대학교에서 물리학 박사를 취득했다. 미국 MIT 및 하버드 의과대학, 캘리포니아 주립대학교 연구원으로 있었으며 배재대학교 물리학과 교수로 재직했다.

감수
양승영
서울대 지질학과를 졸업하고 1969년부터 경북대 지구과학과 교수로 재직했다. 일본 규슈대학에서 이학 박사 학위를 받았으며, 미국 자연사 박물관에서 초청 과학자로 연구하였다. 일본 고생물 학회와 대한 지질 학회에서 각각 최우수 논문상과 학술상을 받았다.

최석영
서울대학교 지구환경과학부와 동대학원을 졸업했다. 대성 전국 모의고사 출제위원, 메가스터디 강사로 있었다.

박영주
서울대학교 사범대학 지구과학교육과를 졸업하고, 서울대학교 자연과학대학원 대기과학과를 졸업했다. 중학교 과학교사로 있다.